KB200001

와글와글 청소년부를 만드는 리얼 노하우

어쩌다 청소년 사역

어쩌다 청소년 사역

지은이 | 김성중
초판 발행 | 2023. 11. 22.
3쇄 발행 | 2024. 12. 19.
등록번호 | 제1988-000080호
등록된 곳 | 서울특별시 용산구 서빙고로65길 38
발행처 | 사단법인 두란노서원
영업부 | 2078-3333   FAX | 080-749-3705
출판부 | 2078-3331

책값은 뒤표지에 있습니다.
ISBN 978-89-531-4754-6 03230

독자의 의견을 기다립니다.
tpress@duranno.com   www.duranno.com

두란노서원은 바울 사도가 3차 전도여행 때 에베소에서 성령 받은 제자들을 따로 세워 하나님의 말씀으로 양육하던
장소입니다. 사도행전 19장 8-20절의 정신에 따라 첫째 목회자를 돕는 사역과 평신도를 훈련시키는 사역, 둘째 세
계선교(TIM)와 문서선교 (단행본·잡지) 사역, 셋째 예수문화 및 경배와 찬양 사역, 그리고 가정·상담 사역 등을 감당하고
있습니다. 1980년 12월 22일에 창립된 두란노서원은 주님 오실 때까지 이 사역들을 계속할 것입니다.

와글와글 청소년부를 만드는 리얼 노하우

어쩌다
청소년 사역

김성중 지음

두란노

1장

청소년 사역자는
멀티 플레이어다

2장

청소년에게 스며드는
예배와 설교 준비

3장

청소년부를 와글와글하게 하는
여러 장치

4장
청소년 눈높이 교육법 16가지

7장
더 깊이, 더 넓게
청소년 사역을 하려면

추 천 사

청소년에게 필요한 것은 공감해 주는 한 사람입니다. 마음을 이해해 주고 감정을 나눌 수 있는 한 사람을 만난 청소년은 바른길로 나아갈 수 있습니다. 김성중 교수님은 이십여 년 동안 다양한 사역 현장에서 청소년들과 소통하며 함께해 왔습니다. 이 책은 교수님의 학문과 경험으로 맺어진 귀한 열매입니다. 이 책을 통해 한국 교회 모든 청소년 사역자들이 바로 그 한 사람, 예수님을 닮은 사역자가 되기를 소망합니다.

이재훈 목사 (온누리교회 담임)

이 책의 저자인 김성중 목사님은 학문과 현장을 아우르는 신학교 교수이면서 교육학자이며 청소년 전문 사역자입니다. 이 책은 청소년 사역자가 해야 하는 역할과 청소년들을 이해하고 그들과 소통하는 방법을 비롯해서 청소년 사역의 중요한 내용인 예배와 설교, 교제와 교육, 수련회와 가정 사역 및 학교 사역에 관한 내용을 담고 있습니다. 이 책은 청소년 사역을 준비하는 예비 사역자들뿐만 아니라, 현재 청소년 사역을 하고 있는 사역자들에게 청소년 사역의 이론과 실제를 구체적으로 제공하는 청소년 사역의 백과사전이자 처방전입니다. 이 책을 통해 열정과 비전의 청소년 사역자들이 많이 세워지기를 간절히 소망합니다. 한국 교회 청소년부 목회자들과 교사들에게 기쁨으로 추천합니다.

이찬수 목사 (분당우리교회 담임)

"너의 장래에 소망이 있을 것이라 너의 자녀가 자기들의 지경으로 돌아오리라 여호와의 말씀이니라"(렘 31:17). 청소년 사역이 힘든 시대에 복음 안에 바로 서 있으면서 청소년들을 진심으로 사랑하고 열정을 다해 헌신할 청소년 사역자가 필요합니다. 신학자이자 다음 세대 사역자로 헌신하고 있는 김성중 목사님의 《어쩌다 청소년 사역》은 한 명의 바른 청소년 사역자를 세우기 위한 길라잡이입니다. 청소년 사역자로서 붙잡아야 하는 본질과 기본기, 갖추어야 하는 자세, 실전에서 활용해야 하는 전문적인 능력을 알려 주고 있습니다. 그렇기 때문에 이 책은 모든 청소년 사역자가 반드시 읽어야 하는 필독서입니다. 이 책을 통해 청소년 사역자들이 힘을 얻고, 한국 교회 청소년부가 다시 일어나기를 소망합니다.

신용백 목사 (시냇가푸른나무교회 담임)

다음 세대는 한국 교회의 미래입니다. 다음 세대 사역이 중요하다고 수많은 사람이 외칩니다. 그러나 어떻게 준비해야 하며, 무엇을 해야 하는지 모를 때가 많습니다. 《어쩌다 청소년 사역》에는 학자이자 현장 사역자이신 김성중 교수님의 노하우가 가득히 담겨 있습니다. 마치 이론부터 실전까지 체크업 리스트를 알려 주는 가이드북과 같습니다. 이 책을 통해 훌륭한 청소년 사역자들이 세워지기를, 한국 교회가 살아나기를 소망합니다.

주경훈 목사 (오류교회 담임)

'어떻게 코로나를 극복할까? 그래도 코로나가 끝나면 좋아지겠지' 이런 생각을 하던 때가 있었습니다. 그러나 현실은 전혀 다릅니다. 코로나의 여파는 아직도 끝나지 않고 계속되고 있습니다. 어떻게 해야 할까요? 바로 특별한 프로그램을 개발하는 것이 아니라 교회의 본질로 돌아가면 됩니다. 청소년 사역에 특별한 애정을 가지고 지속적으로 연구하는 학자가 있습니다. 김성중 교수님입니다. 한국 교회 청소년들의 현실을 누구보다 아파하며 앞길을 개

척하시는 교수님입니다. 우리 함께 겸허하게 그 외침을 들어봅시다! 그리고 희망찬 노래를 함께 부릅시다!

이전호 목사 (충신교회 담임)

청소년 사역은 마치 사막 여행과 같습니다. 사막 여행은 쉽지 않습니다. 뜨거운 태양과 열기를 견뎌야 하고 수분을 충분히 섭취해야 합니다. 그러나 가장 어려운 것은 수시로 사라지는 길을 찾는 것입니다. 기존의 지도로는 역부족입니다. 사막 여행자에게는 나침반이 필요합니다. 청소년 사역 역시 나침반이 필요합니다. 유능한 청소년 사역자는 기존의 지도에 의존하는 것이 아니라, 나침반을 활용하는 법을 배워야 합니다. 이 책은 청소년 사역의 나침반과 같습니다. 사막의 황량함과 고단함 너머에서 오아시스와 같은 예기치 못한 기쁨을 맛보려면 노련한 안내자가 필요합니다. 저자는 청소년 사역의 이론과 실제를 겸비하여 나침반 같은 활용법을 아낌없이 나눠 줍니다. 청소년 사역이라는 사막 여행을 꿈꾸는 분들 그리고 그곳의 오아시스를 누리기 원하는 모든 분에게 적극 추천합니다.

허요환 목사 (안산제일교회 담임)

교회학교의 사막화는 한국 교회에 지속적으로 제기되어 온 큰 이슈입니다. 더욱이 청소년부의 상황은 갈수록 태산이라는 이야기를 자주 듣습니다. 청소년 사역에 대한 불안감과 절망감이 커 가는 이때에 사막의 오아시스와 같은 귀한 책이 출간되었습니다. 김성중 교수님의 《어쩌다 청소년 사역》은 청소년 사역을 고민하는 이들에게 생수와 같은 해법을 제시해 줄 것입니다. 바라기는 이 책이 한국 교회 청소년부를 살리는 데 작은 불씨가 되기를 소망하며 기쁜 마음으로 추천합니다.

곽승현 목사 (거룩한빛광성교회 담임)

청소년 사역의 암흑기가 도래해 버렸습니다. 교회 다니는 청소년들의 수는 급감하였고, 많은 현장 사역자들은 갈피를 잡지 못하고 있습니다. 지금 청소년 사역에 대한 구체적인 대안이 세워지지 않는다면, 암흑기보다 더 무서운 재앙이 우리에게 올 것입니다. 김성중 교수님은 현장과 이론을 겸비한 청소년 사역자이십니다. 그냥 교수로서 딱딱한 이론만 전달하는 것이 아니라, 정말 이 시대에 필요한 바로 그 대안을 주시는 분입니다. 이 책이야말로 이 시대 청소년 사역을 살리는 바로 그 대안이라고 믿습니다.

이정현 목사 (청암교회 담임)

오늘날 많은 청소년 사역자들이 지쳐 있습니다. 코로나 시기를 지나며 현장 사역과 함께 온라인 사역까지 감당해야 하는 상황이다 보니 사역을 기피하는 현상까지 발생하고 있습니다. 이런 시기에 청소년 사역자들에 대한 저자의 따뜻한 관심과 격려가 참 좋습니다. 더 좋은 사역자가 되어 현장에서 청소년들을 섬기도록 구체적이고 실제적인 내용들을 풀어 설명해 주는 이 책을 청소년들을 품고 있는 모든 분에게 적극 추천합니다.

김덕영 목사 (목민교회 담임)

얼마나 힘이 들면 '어쩌다 청소년 사역을 하고 있는지 모르겠다'는 자조 섞인 이야기를 할까요? 그럼에도 청소년 사역을 결코 포기할 수 없는 이유는, 바로 이때가 예수님을 인격적으로 만나 주님으로 모시는 은혜를 경험하기 충분하고, 앞으로의 삶을 하나님의 영광을 위해 헌신하기로 다짐하기에 최적기이기 때문입니다. '어쩌다'라고 말하는 이들에게조차 '무조건' 사역이 이어지기를 원하시는 주님의 마음을 담아 청소년 사역의 모든 노하우를 제공하기로 작정한 한 선배 사역자가 여기 있습니다. 청소년 사역에 멈춤을 모르는 그가 자상함과 친절함으로 담아 낸 이 묵직한 울림을 함께 경험하기를 바랍니다.

강윤호 목사 (반포교회 담임)

오늘날 한국 교회 청소년부는 위기를 넘어서 생존을 걱정하는 시기입니다. 오늘날 청소년에게는 무엇보다 공감이 필요합니다. 그리고 공감하기 위해선 그들에 대한 바른 이해와 관심이 필요합니다. 저자는 이 책에서 청소년 사역자들이 청소년들과 함께하는 과정에서 마주치는 다양한 문제들에 대한 해결책을 제시하고 있습니다. 청소년 사역의 길을 묻는 이들에게 좋은 길잡이가 될 것입니다. 특별히 청소년들을 이해하고 소통하는 데 고민이 있는 분이라면 이 책을 통해 큰 유익을 얻을 것입니다. 청소년을 더 잘 섬기고자 하는 분들에게 이 책을 강력히 추천합니다.

김형석 목사 (지구촌교회[목동] 담임)

김성중 교수님의 이 책은 청소년 사역이 어렵다고 생각하는 이때에 또 다른 희망을 이야기하는 청소년 사역 지침서입니다. 저자 김성중 교수님은 청소년을 진심으로 사랑하는 교수님, 청소년 현장 사역을 지금도 감당하고 있는 교수님, 청소년 시기에 주님을 만난 교수님, 청소년 사역자를 진심으로 돕고 싶어 하는 교수님, 청소년 사역의 이론과 실제를 겸비한 준비된 교수님이기에 청소년 사역 분야의 참 스승이라고 말할 수 있습니다. 이 책이 청소년을 돕는 지도자들에게 큰 도움이 될 것이라 확신합니다. 이 책에는 책상이 아닌 청소년 사역 현장에서 만들어진 내용들이 생생하게 담겨 있습니다. 미래를 준비하는 청소년 지도자들을 위해 살아온 사역의 발자취가 다음 세대와 함께하는 모든 청소년 지도자에게 좋은 길라잡이가 될 것입니다.

박현동 목사 (십대지기 대표, 청소년사역자협의회 회장)

어쩌다 청소년 사역을 시작했을지 모르지만, 이제는 무조건 청소년 사역으로 나아가게 되기를 소망한다는 저자의 외침에 저도 모르게 "아멘" 하고 소리 내어 대답했습니다. 이후 모든 책의 내용에 저의 고백과 간증과 사역의 모습을 투영해 보게 되었습니다. 다시 한번 청소년 사역 현장에서 사용해 주시는 주님께 감사의 고백을 드립니다. 저희도 어쩌다 청소년 사역의 현장에서 만나 함께 예배를 드린다면 더욱 기쁨으로 동역하길 소망합니다. 어쩌다 청소년 사역에 함께하게 된 많은 분이 이 책을 통해 소중한 사명을 더욱 잘 감당하길 소망합니다. 이 책이 한국 교회 청소년 사역의 현장에 참 소중한 안내서가 되기를 응원하며, 부족하지만 기쁨으로 추천의 글을 씁니다.

임우현 목사 (번개탄 TV 대표)

다음 세대를 연구하는 학자이자 다음 세대를 위해 사역하시는 사명자 김성중 교수님이 멋진 책을 내셨습니다. 예배, 교제, 교육, 집회, 가정에 이르기까지 균형 잡힌 다음 세대 사역에 대한 갈증이 있는 분에게 자신 있게 추천합니다.

강은도 목사 (더푸른교회 담임)

한 명의 의사가 태어나기 위해서는 수많은 과정이 필요한데, 그중 선배 의사들의 의료 행위를 직접 곁에서 지켜보는 것이 결정적인 도움이 됩니다. 진단을 하고, 수술까지 하는 생생한 과정을 함께 보면서, 의사가 지녀야 할 자질을 훈련받게 됩니다. 인간의 육신을 다루는 의료도 이처럼 선배들의 철저한 가르침으로 완성되는데, 영혼을 다루는 목회자, 그중에서도 청소년들을 섬기는 청소년 사역자가 되기 위하여 준비하는 이들에게는 더욱 철저한 가르침이 필요합니다. 이 책에는 청소년 사역의 이론과 실제를 오랫동안 다루어 온 김성중 교수님의 청소년 사역에 대한 알파와 오메가가 담겨 있습니다. 이 책을 미리 읽으면서 한평생 청소년 사역자로 살아오신 선배 사역자의 모든 것을 직접 사사받는 느낌을 받았습니다. 저 자신이 이런 교본을 미리 보았더라면 더욱 열매 있는 사역을 했을 것이라는 아쉬움에, 후배 사역자들에게 간절함으로 추천합니다.

김현철 목사 (행복나눔교회 담임)

"정말 간절하면 방법을 찾고, 그렇지 않으면 핑계를 찾습니다." 처음에 이 책의 제목을 보고 가볍게 페이지를 넘겼습니다. 그런데 제가 마주한 것은 청소년을 향한 저자의 간절함이었습니다. 신앙을 떠나는 청소년들 그리고 무너지고 있는 교회 교육 현장을 보며 최후 방어선을 지키기 위해 치열하게 싸워 온 백전노장의 모습을 보았습니다. 청소년 사역에 대한 간절함이 있는 분이라면 바로 이 책에서 그 방법을 찾을 수 있을 것입니다.

김태훈 목사 (한주교회 담임)

청소년 사역은 미로를 걷는 것과 같습니다. 이 책은 미로를 탈출할 수 있도록 청소년 사역의 중요한 핵심 요소들을 담고 있습니다. 다음 세대 사역을 준비하는 후배들과 다음 세대 사역을 어떻게 해야 할지 묻는 사역자들에게 이 책을 추천합니다.

맹승주 목사 (조이코리아 대표)

전국의 학교 현장에 들어가 전교생에게 기독교 뮤지컬을 보여주고 복음을 전해 보면, 과거 몇 년 전보다 복음을 거부하는 학생들이 더 많아진 것을 피부로 느끼곤 합니다. 그러나 놀랍게도 눈물을 흘리며 기쁘게 복음을 받아들이는 학생들도 더 많아진 것을 확인할 수 있습니다! 이 시대 청소년들이 힘들어진 만큼 더 간절히 복음을 기다리고 있는 것이 아닌가 생각합니다. 지금 우리나라에는 좋은 청소년 사역자가 아주 많이 필요합니다. 청소년이 이해할 수 있도록 복음을 전하고, 청소년이 복음으로 살아 낼 수 있도록 본이 되어 주는 좋은 청소년 사역자가 더 많이 있어야 합니다. 오랫동안 교회와 학교에서 청소년을 만나고 세우고 변화시키며 청소년을 진심으로 사랑하는 김성중 교수님의 경험과 지혜가 담긴 이 책을 통하여 더 좋은 청소년 사역자가 더 많이 세워질 수 있기를 간절히 기도합니다.

오승환 대표 (더작은재단, 네이버 파운더)

김성중 교수님의 신간 《어쩌다 청소년 사역》 출간을 축하합니다. 교수, 목사 등의 이력뿐만 아니라, 청소년 사역자로 한결같이 헌신하시는 모습에 사랑과 존경의 마음을 갖습니다. 특히 이번 책에서는 청소년 사역자의 정체성, 역할, 청소년의 이해와 사역 방안 등을 이론과 실례를 들어 설명하고 있습니다. 더욱이 청소년 사역자가 감당해야 할 가정 사역과 학교 사역 방안에 대해서도 안내하고 있어, 청소년 사역자들에게 매우 유익한 책이 되리라 믿고 자신 있게 추천합니다.

최관하 목사 (더작은재단 스쿨처치임팩트 대표)

십대와 함께한다는 것은 매 순간 한 번도 가 보지 않은 낯선 길을 걷는 것과 같습니다. 눈물에 젖은 기도와 흘린 땀 외에는 어떤 열매도 기대할 수 없는 길, 그 길 위에서 오늘도 청소년 사역자들은 속수무책입니다. 이 세대가 떠난 세상에서 복음을 목숨처럼 붙들고 영혼들을 섬길 십대는 얼마나 될까요? 생각만 해도 두려운 이 질문 앞에 서서 예수님만 바라보며 오늘도 답이 없는 길을 가는 사역자들…. 《어쩌다 청소년 사역》은 청소년 사역자들의 곁을 오랫동안 지켜 오고 있는 저자의 우정입니다. 저자는 청소년 사역자들을 만나며 나눈 풍성한 경험과 사례 연구를 통해 청소년 사역자들을 격려하고 '혼자' 외롭게 떠다니던 조각배와 같던 이들을 '함께' 함대를 이루어 가게 합니다.

이소윤 대표 (스토리 윤, 다큐멘터리스트. 스토리텔링 전문가)

청소년부를 다시 살리는 주역은
바로 청소년 사역자다

한국 교회 청소년부는 위기를 넘어서 생존을 걱정하고 있습니다. 제가 중·고등학교에 다니던 시절 한국 교회 청소년부는 부흥기에 있었습니다. 그야말로 교회 청소년부에 학생들이 넘쳤습니다. 교회가 청소년 문화의 중심지였고, 놀이터였고, 교제의 장이었습니다. '문학의 밤'으로 대변되는 한국 교회 청소년부 대표 행사에는 믿지 않는 청소년들도 몰려왔습니다. 매해 11월 즈음이면 친구들과 함께 교회를 돌아다니면서 '문학의 밤'에 참여했던 기억이 납니다. 비기독교 학생들조차 CCM 노래를 좋아했고 따라 부르기까지 했습니다. 현재 교회 청소년들에게 이런 이야기를 하면 아득한 옛날이야기, '라때'로 듣습니다. 청소년 사역을 오랫동안 하고 있는 저로선 그때가 참 그립습니다.

한국 교회 청소년부의 생존이 심각하게 걱정되는 이때 우리
는 어떻게 해야 할까요? 한국 교회 역사에서 한때 청소년부가
부흥했었다고 과거형으로만 이야기해도 되는 것일까요? 아니
면 한국 교회 청소년부를 포기하지 않고 끝까지 사랑하시는 전
능하신 하나님을 의지하여 청소년부를 살리기 위해 모든 에너
지와 노력을 쏟아야 할까요?

저는 청소년 사역을 병행 사역까지 포함해서 이십여 년간
하고 있습니다. 신학교 교수로서 청소년 사역과 교육은 물론
중·고등학교 교육까지 연구하고 가르칩니다. 교회와 학교와
사회에서 청소년 사역자들을 훈련하고 교육하고 상담하고 코
칭합니다. 그리고 발로 뛰어다니며 현장의 청소년들을 만나고
가르치고 연구하고 그들의 이야기를 듣는 걸 중요하게 생각합

니다. 초교파적인 연구소를 설립해서 청소년들을 연구하고 그들에게 필요한 교육 프로그램들을 만들어서 진행합니다. 청소년 사역을 위한 교육 NGO 단체에서 재능 기부로 봉사하고 있습니다. 여름과 겨울의 방학 시즌에는 거의 청소년 수련회 현장에 있습니다.

신학교 교수로서도 할 일이 많은 제가 왜 이렇게 현장을 뛰어다니며 청소년들을 만나고 있을까요? 그 답은 청소년들을 진심으로 사랑하기 때문이고, 청소년들을 섬기라는 사명을 하나님으로부터 받았기 때문입니다. 또한 청소년기가 신앙 형성과 신앙 성장에 가장 중요한 때이기 때문입니다. 실제로 저는 청소년기에 하나님을 인격적으로 만났습니다.

한국 교회 청소년부를 다시 살리는 데 가장 중요한 존재는 바로 청소년 사역자입니다. 그렇기에 한국 교회는 청소년 사역자를 발굴하고 양성하고 교육하고 응원하고 격려하고 세우는 데 에너지를 집중해야 합니다. 청소년 사역을 꿈꾸는 이들을 찾아서 청소년 사역자로서 정체성을 갖고 준비할 수 있도록 도와주어야 합니다. 청소년 사역을 갓 시작한 사역자들에게는 그들이 전문적인 청소년 사역자가 될 수 있도록 교육을 제공해야 합니다. 청소년 사역을 왕성하게 하는 사역자들에게는 그들이 열정을 잃지 않고, 자기 자신을 계속 성찰하는 가운데 하나님 앞에 더 바르고 좋은 사역자가 될 수 있도록 인도해야 합니다.

저는 이 책을 통해서 청소년 사역에 관심 있는 예비 청소년 사역자들, 청소년 사역을 이미 하고 있는 청소년 사역자들을 진심으로 응원하고 위로하고 격려하고 싶습니다. 그리고 청소년 사역자는 어떤 존재인지 그 정체성을 바르게 세우고, 청소년 사역자의 진정한 모델로서 예수님이 하신 일(복음 전파자, 말씀 교사, 훈육자, 중보기도자, 위로자, 능력자, 모델, 밥 먹이는 자, 친구, 선배의 역할)을 따라 구체적인 실천사항을 제시하고 싶습니다. 또한 전문적인 청소년 사역자로 나아갈 수 있도록 제 사역 경험과 학문적 연구를 종합해서 청소년 사역의 이론과 실제를 알려드리고 싶습니다.

청소년 사역자는 예배자이면서 동시에 예배를 기획하고 준비하고 진행하는 자이기에 예배에 대해 알아야 하고, 설교자로서 본질을 지키면서 청소년들의 눈높이에 맞게 설교할 수 있는 능력을 갖추어야 합니다. 또한 청소년들과 교제하는 가운데 청소년부 공동체를 건강하게 세워 나갈 책임이 있으며, 하나님의 말씀을 효과적으로 가르치기 위해 다양한 교육 방법을 알고 활용할 수 있어야 합니다. 그리고 청소년 사역자는 사역 대상인 청소년들을 진심으로 사랑하고 이해하는 동시에 진실한 소통이 이뤄지기 위한 노하우를 갖고 있어야 합니다. 이외에도 청소년 사역의 꽃이라고 표현할 수 있을 만큼 중요한 수련회를 탁월하게 인도하고 진행할 수 있도록 훈련되어야 합니다. 마지막으로 주중에도 가정과 학교 안에서 청소년 사역이 이루어질 수 있도록 가정 연계 사역, 학교 사역에 적극 나서야 합니다.

이 책은 이러한 내용을 다루는 동시에 청소년 사역자들이 전문성을 배양할 수 있도록 도울 것입니다. '어쩌다 청소년 사역'을 시작했을지 모르지만, '무조건 청소년 사역'으로 나아가게 되기를 소망합니다. 이 책이 예비 청소년 사역자들과 현장에서 청소년들을 만나 눈물로 씨를 뿌리는 귀한 사역자들에게 위로와 격려 그리고 도전과 소망의 메시지가 되었으면 좋겠습니다. 청소년 사역 현장에서 실제적인 매뉴얼이자 처방전으로서 쓰임

받기를 원합니다. 그리고 한국 교회 청소년부를 살리는 데 한 알의 밀이 되기를 기도하고 소망합니다. 이름도, 빛도 없이 묵묵히 청소년 사역의 자리를 지키며, 하나님만 붙들고 청소년들을 살리기 위해 헌신적으로 분투하는 모든 청소년 사역자들을 진심으로 응원합니다. 힘내세요!

광나루 연구실에서
김성중 교수

청소년 사역자는
멀티 플레이어다

사역자의 모델은 바로 예수님입니다. 예수님이 이 세상에 오셔서 우리에게 보여 주신 역할이 바로 사역자의 역할이 되어야 합니다. 예수님은 우리에게 오셔서 복음 전파자, 말씀 교사, 훈육자, 중보기도자, 위로자, 능력자, 모델, 밥 먹이는 자, 친구, 선배의 역할을 감당하셨습니다.

예수님이 보여 주신 사역자의 모습

첫째, 예수님은 인간이 죄로부터 해방되어 구원받을 수 있는 길을 제시해 주신 복음 전파자이십니다.

> "예수께서 온 갈릴리에 두루 다니사 그들의 회당에서 가
> 르치시며 천국 복음을 전파하시며"(마 4:23).

예수님은 우리를 죄로부터 해방시킨 구원자이십니다. 예수님은 우리 죄 값을 치르기 위해 십자가를 지셨습니다. 그리고 사흘 만에 부활하심으로 우리 죄가 완전히 씻겼음이 증명되었습니다. 예수님은 복음 그 자체이며, 그 복음을 삶으로, 가르침으로 전파하신 분입니다.

둘째, 예수님은 율법의 핵심이 사랑임을 알리고, 하나님의 말씀을 가르치신 말씀 교사입니다. 예수님은 하나님의 가장 큰 계명을 가르쳐 주셨습니다.

> "예수께서 이르시되 네 마음을 다하고 목숨을 다하고 뜻
> 을 다하여 주 너의 하나님을 사랑하라 하셨으니 이것이
> 크고 첫째 되는 계명이요 둘째도 그와 같으니 네 이웃을
> 네 자신같이 사랑하라 하셨으니 이 두 계명이 온 율법과
> 선지자의 강령이니라"(마 22:37-40).

예수님은 하나님이 가장 기뻐하시는 계명을 알려 주셨습니다. 유대 지도층 인사들이 율법의 핵심 내용은 모른 채 율법의

야 하는데 그럴 수가 없습니다. 청소년 사역자는 조언이나 잔소리가 아니라 먼저 그들의 이야기를 허심탄회하게 들을 수 있어야 합니다.

제가 어느 교회에서 청소년 사역을 했을 때, 주일 저녁 예배를 마친 뒤에는 학생들의 이야기를 듣고 위로하는 시간을 가졌습니다. 교회에 협조를 구해 교회 식당을 사용하기로 했고, 사전에 부모의 동의를 구할 것을 공지했습니다. 많은 학생들의 이야기를 듣고 긍휼한 마음으로 위로하는 역할을 감당하고 난 주일 밤이면 집에 돌아오자마자 쓰러져 자기 바빴습니다. 그만큼 쉽지 않은 일이었습니다. 직접 만날 뿐 아니라 전화로도 소통했습니다. 제 전화는 학생들에게 언제든지 열려 있어서 모두 잠든 새벽에도 전화 받느라 깬 적이 한두 번이 아닙니다. 청소년 사역은 절대로 주말 사역으로 끝나지 않습니다. 주중에도 청소년과 함께하며 그들을 위로하는 사역을 최선을 다해 감당해야 합니다.

청소년 사역자의 역할 6: 능력자

청소년 사역자는 능력자의 역할을 감당해야 합니다. 물론 우리가 항상 능력자가 되어서 청소년의 문제를 다 해결할 수는 없습니다. 청소년의 문제를 실제적으로 해결해 주실 분은 하나님

밖에 없습니다. 그럼에도 불구하고, 어린아이가 자신의 아빠를 뭐든지 해줄 수 있는 능력자로 인식하듯이, 청소년 사역자는 청소년에게 무슨 문제든지 해결해 줄 수 있는 능력자로 인식될 필요가 있습니다. 어떤 청소년 사역자는 공부의 능력이 있어서 공부방을 운영합니다. 어떤 청소년 사역자는 진로 상담의 능력이 있어서 청소년의 진로 선택에 실질적인 도움을 줍니다. 또 어떤 청소년 사역자는 가출 청소년이 가정으로 돌아갈 수 있도록 다각적인 노력을 기울입니다. 이렇듯 청소년 사역자가 청소년의 모든 문제를 해결할 수는 없지만 적어도 자신의 능력 안에서 그들의 문제를 해결해 주기 위해 노력해야 합니다.

저는 대학 시절 아르바이트로 과외를 한 경험이 있어서 청소년의 학업을 도울 수 있었습니다. 어느 교회에서 사역했을 때, 중·고등학생들에게 수학을 가르친 적이 있습니다. 공부하다가 모르는 문제가 있으면 가져오라고 했고, 막상 학생들이 찾아왔는데 문제를 못 풀면 안 되니까 저도 계속 수학 공부를 했습니다. 또한 고등학생 몇 명이 영어로 성경공부를 하고 싶다고 해서 토요일마다 NIV버전으로 영어 성경공부를 진행한 적도 있습니다. 한편, 피아노도 제법 치는 편이라 이벤트로 청소년이 좋아하는 노래를 피아노를 치면서 불러 준 적도 있습니다.

이렇듯 청소년 사역자는 하나님이 주신 달란트로 청소년에게 실제적인 도움을 줄 수 있습니다.

청소년 사역자의 역할 7: 모델

청소년 사역자는 청소년들에게 삶의 모델, 인격의 모델, 신앙의 모델이 되어야 합니다. 삶의 모델이 되기 위해서는 청소년에게 매력적인 존재가 될 수 있어야 합니다. 그러기 위해 자기 관리를 철저하게 해야 합니다. 깔끔하고 단정한 모습은 물론 운동도 열심히 하고 건강 관리도 잘하는 모습을 보여 주면 좋습니다. 패션에 너무 신경 쓰는 것도 문제지만, 너무 신경 쓰지 않는 것도 문제입니다. 패션과 헤어스타일을 적절하게 신경 써야 합니다. 다양한 분야의 책도 많이 읽어서 청소년이 질문했을 때 적절한 답을 해줄 수 있어야 하고, 시사 상식도 많이 알고 있어야 합니다.

인격의 모델이 되기 위해선 하나님의 성품을 닮기 위해 노력해야 합니다. 갈라디아서 5장 22-23절에 나오는 성령의 9가지 열매(사랑, 희락, 화평, 오래 참음, 자비, 양선, 충성, 온유, 절제)를 삶 속에서 맺기 위해 노력해야 합니다. 특히 인격은 말에서 드러나게 되어 있습니다. 바른말, 정직한 말, 품위 있는 말, 감사와 찬양의 말, 축복과 칭찬의 말을 해야 합니다. 가끔 청소년 사역자의 설교를 듣고 깜짝 놀랄 때가 있습니다. 상스러운 말이나 가벼운 욕이 들릴 때가 있기 때문입니다. 물론 청소년을 웃기기 위해, 눈높이를 맞추기 위해 사용하는 것이겠지만, 그럼에도 저는 청소년 사역자는 청소년들에게 모범이 되는 말을 사용해야 한다고 확신합니다. 설교 시간에는 더욱더 하나님이 기뻐하시는 말을 사용해야 합니다.

다음으로 신앙의 모델이 되기 위해서는 말씀과 기도 생활에 힘써야 합니다. 사역자는 하나님과의 관계가 가장 중요합니다. 그래서 하나님과 만나는 시간을 게을리하면 안 됩니다. 아무리 사역이 바빠도 말씀을 묵상하고, 연구하고, 기도하는 시간이 최우선 순위에 있어야 합니다. 하나님과 바른 관계에 서 있는 사역자가 청소년에게 영적 영향력을 미칠 수 있고, 신앙의 모델이 될 수 있습니다.

사역자는 예배 드리는 데에도 모범이 되기 위해 노력해야 합니다. 어느 교회 청소년부 예배에 참석한 적이 있는데, 사역자가 맨 앞에 앉아서 핸드폰을 계속 만지작거리는 것을 보았습니다. 물론 핸드폰으로 성경을 검색했을 수도 있습니다. 하지만 청소년들은 그 모습을 보고 예배 시간에 핸드폰을 만져도 된다고 생각할 수 있습니다. 청소년 사역자는 자신을 '예배를 인도하는 사람'이 아니라 '하나님 앞에 선 예배자'로 인식하고 청소년부 예배에서 최고의 예배자가 되어야 합니다. 저는 청소년 사역자 후배들을 가르칠 때 꼭 하는 말이 있습니다. "여러분은 제일 예배 잘 드리는 학생보다 열 배 더 예배를 잘 드려야 합니다." 청소년 사역자가 최고의 예배자가 될 때, 학생들이 사역자를 보고 하나님 앞에 바른 예배자로 성장하고 성숙해지게 됩니다.

청소년 사역자의 역할 8: 밥 먹이는 자

청소년 사역자는 청소년들에게 밥 먹이는 역할을 감당해야 합니다. 청소년 사역을 잘하는 비결은 아주 간단합니다. 청소년들에게 밥 많이 사 주고, 그들과 같이 밥 많이 먹는 것입니다. 청소년 사역을 잘하는 사람들의 공통점이 바로 청소년들에게 밥을 잘 사 준다는 것입니다. 함께 밥을 먹으면 친해집니다. 자연스럽게 대화도 할 수 있습니다. 밥을 먹으면서 청소년들과 진정한 식구가 되는 것입니다. 청소년 사역의 경력은 얼마나 학생들과 밥을 많이 먹었느냐로 판가름납니다.

저는 사례비가 얼마 없던 교육전도사 시절부터 학생들과 정말 밥을 많이 먹었습니다. 사례비의 절반이 밥값으로 나간 적도 있습니다. 그 시절 돈이 없어서 근심 걱정이 많았음에도 아이들한테는 "언제든지 밥 사 줄게"라고 말했습니다. 교회 앞에 무한리필 고깃집이 생겨서 기뻤던 기억도 납니다. 워낙 잘 먹고 많이 먹는 청소년기 아이들을 배불리 먹일 수 있으니 그보다 좋은 밥집이 없었습니다. 저는 교사들에게도 밥 사 주는 사역자가 되고 싶었습니다. 보통 사역자는 교사들한테 식사 대접을 받습니다. 하지만 저는 반대로 제가 밥을 사 주고 싶었습니다. 그래서 제 생일에 밥 사겠다고 청소년부 교사들을 불렀는데 계산서를 받고 손이 덜덜 떨렸습니다. 30여 명이 오셨는데 당시 제 사례비의 반 이상이 나왔기 때문입니다. 하지만 어느 권사님 교사분이 "제 평생 목회자에게 밥을 얻어먹은 것이 처음입니다"라고 하셔서 기뻤습니다.

밥 잘 사 주는 섬김의 사역자가 되어야 합니다.

청소년 사역자의 역할 9: 친구

청소년 사역자는 청소년에게 친구로 다가갈 수 있어야 합니다. 청소년에게 친구 역할을 할 수 있는 사역자는 참 멋진 사역자입니다. 청소년의 눈높이를 맞출 뿐 아니라 그들과 수평적인 관계를 맺을 수 있다는 의미이기 때문입니다. 청소년은 자신들의 눈높이를 맞추기 위해 노력하고 편안하게 어울릴 수 있는 사역자를 원합니다. 청소년이 좋아하는 음식도 같이 먹고, 청소년이 좋아하는 유튜브 채널도 같이 보고, 청소년이 좋아하는 아이돌 음악도 같이 듣고, 청소년이 좋아하는 게임도 같이 할 수 있으면 최고의 친구입니다. 교육에서 중요한 것은 학습자들의 눈높이를 맞추는 것입니다. 눈높이 교육은 사랑이 있어야 가능합니다. 청소년을 사랑한다면 그들과 함께할 수 있는 친구가 되어야 합니다.

저는 청소년과 어울리는 것을 좋아합니다. 그들과 어울리다 보면 제가 실제로 청소년이 된 것 같은 착각이 듭니다. 저는 여름이면 청소년 수련회에서 학생들과 거의 모든 시간을 보냅니다. 먼저 청소년 수련회 시즌이 되면 미용실에 가서 청소년이 좋아하는 스타일로 손질합니다. 아이들은 '우리 눈높이 맞추느라 참 애쓴다'는 눈으로 저를 애처롭게 봐 줍니다. 아무리 노력한들 자녀뻘 되는 청소년의 눈높이를 어떻게 맞출 수 있겠습니까? 다만 노력하는 모습을 보여 주는 것입니다. 수련회에서 하루 일정을 마치면 청소년들은 삼삼오오 모여서 보드게임을 하거나 마피아 게임을 합니다. 그때 저도 끼워 달라고 해서 같이 놉니다. 감사하게도 아이들이 기꺼이 저를 끼워 줍니다.

어느 교회에서 청소년 사역을 할 때였습니다. 학생들이 온라인 게임을 하러 PC방에 다니기에 저도 끼워 달라고 해서 같이 갔습니다. 학생들과 어울리기 위해서가 첫 번째 목적이었고, 두 번째 목적은 학생들의 정신 건강에 좋지 않은 게임을 하면 말리기 위해서였습니다. 저는 두 가지 목적을 다 달성했습니다. 못하는 게임이지만 함께하면서 친구처럼 어울리게 되었고, 폭력적인 게임을 하면 자동차 게임이나 축구 게임으로 유도했으며, 게임을 오래하면 좋지 않으니 머리 식히는 수준에서 적당히 하라고 훈육할 수 있었습니다.

또 한번은 전도의 중요성을 알려 준 뒤 전도를 몇 명 이상 하면 제가 머리를 밝은 갈색으로 염색하겠다고 약속했습니다. 놀랍게도 학생들이 제가 제시한 숫자 이상을 전도해서 약속대로 머리를 염색했습니다. 사정을 모르는 교회 어른들은 불편하셨겠지만, 학생들은 얼마나 좋아하던지요. 청소년과 친밀해진 계기가 되었습니다.

교사 중에 흰머리를 자랑스럽게 휘날리던 50대 후반의 선생님이 있었습니다. 그분이 어느 날 학생들 눈높이를 맞추겠다고 찢어진 청바지를 입고 선글라스를 끼고 교회에 오셨습니다. 아쉽게도 그분의 패션은 올드해서 청소년들이 좋아할 만하지 않았습니다. 하지만 아이들은 선생님의 파격적인 의상을 보고 까르르 웃으며 얼마나 좋아했는지 모릅니다. 이후로 아이들이 그 선생님에게 격의 없이 다가가는 것을 보았습니다.

청소년 사역자는 가장 먼저 청소년들을 사랑해야 합니다. 그리고 그들의 눈높이를 맞추고 최선을 다해 친구로 다가가려는 노력을 해야 합니다. 특히 청소년과 나이 차이가 많이 난다면 더욱더 노력해야 합니다. 청소년은 나이 차이가 많이 나는 사역자가 친구로 다가가기 위해 부단히 노력하는 모습에 큰 감동을 받습니다.

청소년 사역자의 역할 10: 선배

청소년 사역자는 선배의 역할을 감당해야 합니다. 청소년 사역자도 중학교와 고등학교 시절을 경험했습니다. 즉 사역자는 청소년들의 인생 선배입니다. 청소년 사역자가 청소년 시절을 경험해 보았기에 그들을 이해할 수 있고 공감할 수 있습니다.

중·고등학교 때 공부 스트레스 받은 이야기, 진로에 대해 고민한 이야기, 누군가를 사랑해서 밤잠을 이루지 못한 이야기, 부모님과의 관계에서 힘들었던 이야기, 좋아하는 연예인에게 빠진 이야기 등은 청소년이 사역자를 인생 선배로 인식하는 좋은 소재가 됩니다. 청소년이 사역자를 인생 선배로 인식하면 사역자의 조언을 더 쉽게 받아들이게 됩니다. 사역자가 청소년기에 경험한 이야기는 그들에게 큰 위로로 다가가게 됩니다.

시험 성적이 잘 안 나와서 힘들어하는 학생들에게 저는 중학교 3학년 때 경험한 일을 이야기합니다. 아이들은 제가 공부를 잘했을 거라고 생각하기 때문에 저의 실패담을 얘기하면 크게 위로를 받습니다.

학생: 목사님! 지난주에 수학 시험 봤는데 망했어요. 60점밖에 안 나왔어요. 부모님께 어떻게 성적표를 보여 드리지요?

나: 그런 일이 있었구나. 열심히 공부했는데 점수가 안 나와서 얼마나 마음이 아프니…. 그런데 나도 중학교 3학년 중간고사 때 한 과목을 망쳐서 완전 멘붕 온 적이 있었어. 체육 점수가 62점이 나온 거야. 목사님은 체육을 좋아하고 잘하거든. 근데 62점이 나온 거야. 중간고사 실기 시험이 핸드볼 공을 튕겨서 50미터 앞에 갔다가 돌아오는 것

이었는데, 빠를수록 높은 점수를 받는 거였지. 내 차례가 되어 선생님이 호루라기를 부셨어. 하지만 공이 잘 안 튕겨져서 "다시 하겠습니다" 하고 선생님이 다시 호루라기를 불기만을 기다리는데 안 부시는 거야. 그래서 "선생님! 호루라기 다시 부시면 시작하겠습니다" 했더니 선생님은 "시간 계속 가고 있다" 하시는 거야. 선생님은 다시 하겠다는 내 말을 무시하신 거지. 그래서 부리나케 출발해서 돌아왔지만 이미 시간이 많이 흐른 뒤였어. 그때 얼마나 억울하던지 울기까지 했어. 내 평생 최악의 점수였어.

학생: 아! 목사님도 60점대 점수가 나왔군요.

나: 그래. 다 실수할 수 있는 거야. 그러니까 힘내고, 다음번에 더 잘하기 위해, 실수하지 않기 위해 최선을 다하자! 힘내렴!

학생: 네. 감사합니다. 힘내겠습니다!

자신을 성찰해 보기

1. 나는 청소년 사역자가 해야 할 10가지 역할 중에 주로 어떤 역할에 치우쳐 있습니까?

   _____

   _____

2. 청소년 사역자가 해야 할 10가지 역할 중에 내가 등한시하는 역할은 무엇입니까?

   _____

   _____

3. 청소년 사역자로서 10가지 역할을 균형 있게 골고루 감당하기 위해서 내가 사역 가운데 구체적으로 실천해야 할 점은 무엇입니까?

   _____

   _____

청소년에게 스며드는
예배와 설교 준비

예배는 삼위일체 하나님이 베풀어 주신 은혜에 대한 반응입니다. 자세히 말하면, 우리를 창조하신 성부 하나님의 은혜와 우리 죄를 용서해 주신 성자 예수님의 구원의 은혜와 우리를 지키시고 인도하시고 위로하시고 도와주시는 성령 하나님의 은혜에 감격해서 삼위일체 하나님께 올려 드리는 감사와 찬양과 경배와 영광의 의식입니다. 청소년부 예배는 이러한 예배의 본질을 살리는 동시에 청소년들의 눈높이에 맞춘 예배를 기획하고 준비하고 진행해야 합니다. 예배를 통해 청소년들이 하나님을 뜨겁게 만나고, 하나님이 주시는 영적인 기쁨을 회복해야 합니다.

예배에는 다양한 순서(요소)가 있지만 크게 두 부분으로 나눌 수 있습니다. 우리가 하나님께 올려 드리는 부분과 하나님이 우리에게 내려 주시는 부분입니다. 우리가 하나님께 올려 드리는 부분에는 찬양, 기도, 헌금의 순서가 들어갈 수 있고, 하나님이 우리에게 내려 주시는 부분에는 설교, 축도가 있습니다.

예배 순서에서 전체적인 진행을 하는 사회와 찬양 인도, 대표기도, 헌금위원, 헌금특송, 헌금기도는 학생들이 담당하는 것이 좋습니다. 청소년들은 무언가를 맡기면 "안 해요", "못 해요"라며 빼지만 막상 책임이 주어지면 능동적으로 책임을 다합니다. 그래서 청소년 사역에서 '참여'라는 키워드가 매우 중요합니다. 참여할 때 책임감과 주인의식을 가지게 되기 때문입니다. 사역자는 예배 순서를 맡은 학생들이 잘할 수 있도록 도와주고 방법을 알려 주며 모든 학생이 참여할 수 있도록 역할을 배분해 주면 됩니다. 예배 가운데 학생들을 세우는 역할을 하는 것입니다.

학생들에게 순서를 맡기려면 가장 먼저 교사들을 설득해야 합니다. 교사들은 당연히 그들이 예배 순서를 담당한다고 생각하기 때문입니다. 교사들은 교사가 예배의 모델을 보여 줌으로써 학생들이 예배를 배울 수 있다고 생각합니다. 하지만 저는 학생들이 직접 예배 순서에 참여할 때 예배에 대해 더 많이 배울 수 있고, 능동적이고 적극적으로 예배드릴 수 있다고 생각합니다. 저는 교사들의 공감을 얻기 위해 처음에는 대표기도와 헌금위원만 학생들이 담당하도록 하다가 그 문화가 익숙해질 즈음부터 찬양 인도와 헌금기도, 사회까지 학생들에게 맡겼습니다. 나중에는 예배 후 광고까지 학생 임원들에게 맡겼습니다.

예배드릴 때 사역자를 비롯한 청소년부 교사들은 최고의 예배자가 되어야 합니다. 청소년부 예배는 청소년들만 드리는 것이 아닙니다. 예배에 참여한 모든 사람이 다 예배자입니다. 흔히 청소년부 예배에서 교사들은 옆에서 졸거나 딴짓하거나 옆 사람과 떠들거나 핸드폰을 하는 학생들을 말리는 데 정신이 팔리는 것을 봅니다. 조는 학생을 깨워도, 딴짓하거나 핸드폰을 하는 학생을 말려도 그때뿐입니다. 심지어 교사의 만류를 기분 나쁘게 생각하는 학생들도 있습니다.

사역자와 교사가 먼저 최고의 예배자가 되는 것이 학생들에게 영적인 영향력을 끼쳐 그들 스스로가 최고의 예배자가 되도록 할 수 있습니다. 학생들은 사역자와 교사에게 의식적, 무의식적으로 영향을 받습니다. 특히 사역자를 주목해서 봅니다. 그래서 사역자는 청소년부 안에서 예배를 가장 잘 드리는 학생보다 열 배는 더 간절하게 집중하여 예배를 드려야 합니다. 예배가 청소년 사역의 핵심이기에 예배가 살아야 청소년부가 살아날 수 있습니다.

청소년 예배의 최고 핵심

1. 찬양(회중 찬양)

예배 시간에 구성원이 다 함께 찬양하는 회중 찬양은 청소년 예배에서 가장 핵심적인 요소입니다. 회중 찬양은 아무리 강조해도 모자라지 않습니다. 청소년부에는 반드시 찬양팀 교사가 있어야 하며, 찬양팀은 물론 찬양 인도자를 학생에게 맡겨서 잘 세워야 합니다. 찬양팀 교사는 학생들에게 찬양 인도를 어떻게 하는지 알려 주고, 찬양 중에 하는 멘트 작성을 도와주는 역할을 하면 됩니다. 찬양팀에 속한 학생들 중에는 앞에 서는 일이 멋있어 보여서, 혹은 악기를 다루고 노래하는 게 좋아서 찬양팀에 지원하는 경우가 많습니다. 그렇기에 찬양팀 교사는 찬양은 왜 하는지, 찬양할 때 어떤 태도를 가져야 하는지를 교육할 뿐 아니라, 매주 연습을 위해 모일 때 말씀을 묵상하고 기도하는 시간을 반드시 가져야 합니다.

찬양곡은 매주 사역자가 정한 말씀 본문과 제목에 걸맞은 곡으로 선정해야 합니다. 그래서 찬양곡 선정은 사역자와 찬양팀 교사가 함께 의논해서 정하는 게 좋습니다. 또한 화면에 찬양곡 가사를 띄우기 위한 PPT 제작을 찬양팀 교사가 하면 가장 좋습니다. 만일 여의치 않으면 이것도 찬양팀 학생에게 맡기면 좋습니다. PPT를 만들 때 가사 내용에 부합하는 배경이나 영상을 편집해서 띄우면 찬양이 마음에 더 와닿아 효과적입니다. 예를 들어, 온 세상 만물을 만드신 하나님의 은혜를 찬양하는 가사라면 아름다운 자연의 모습이 담긴 영상을 넣어 편집하는 것입니다. 뜨거운 찬양 집회 영상을 띄우는 것도 좋은 방법입니다. 현실적으로 요즘 학생들이 찬양 집회 문화를 경험하기 힘들므로 영상으로나마 그 현장에 참여하는 분위기를 만드는 것입니다.

2. 대표기도

대표기도는 회중을 대표해서 하나님께 올려 드리는 기도입니다. 사역자가 학생들에게 대표기도 가이드라인을 주고, 어떻게 기도문을 써야 하는지를 교육을 통해 알려 줍니다. 그러면 학생은 부모의 도움을 받아 대표기도문을 작성하게 됩니다. 학생이 속한 반의 교사가 학생이 작성한 대표기도문을 다듬고 연습을 시켜서 주일에 대표기도를 하게 합니다. 대표기도는 임원부터 시작하되 골고루 순번이 돌아가도록 합니다.

3. 찬양(찬양대 찬양)

찬양대 찬양은 대표기도와 마찬가지로 회중을 대표해서 하나님께 올려 드리는 찬양입니다. 사역자는 찬양대 학생들을 대상으로 찬양에 대해 교육하여 찬양대원으로서 바른 자세를 가질 수 있도록 도와야 합니다. 또한 사역자가 밥을 사거나 선물을 주어 찬양대원들의 사기를 진작시켜야 합니다.

4. 설교

설교는 하나님의 말씀입니다. 예배는 하나님과 만나는 자리입니다. 예배는 하나님과 예배드리는 사람 간에 쌍방향 소통이 일어나는 장입니다. 우리는 하나님께 감사와 찬양과 경배와 영광을 올려 드리고, 하나님은 우리에게 말씀을 내려 주십니다. 하나님이 설교자를 통하여 말씀을 내려 주시는 것이 바로 설교입니다. 설교자는 하나님 말씀의 대언자라는 거룩한 부담감을 가지고 설교의 사명을 잘 감당해야 합니다.

5. 기도(결단의 기도)

설교 후에 드리는 결단의 기도는 예배에서 매우 중요한 요소입니다. 들은 말씀을 삶에서 실천하기 위해 결단의 기도를 하는 것입니다. 들은 말씀을 지키겠다는 결단을 하나님께 올려 드리고, 삶 속에서 결단을 실천할 때 변화가 일어납니다. 따라서 결단의 기도를 인도할 때, 먼저 청소년의 삶의 장(field)과 그들이 삶에서 만나는 사람들과의 관계 속에서 말씀을 어떻게 지킬 것인지를 생각하고 결단하도록 이끌어야 합니다.

예를 들어, "오늘 들은 말씀을 학교생활 중에 친구들과의 관계에서 구체적으로 어떻게 적용하고 지킬 것인지를 생각하고 기도합시다!", "오늘 들은 말씀을 가정생활 중에 부모님과의 관계에서 어떻게 구체적으로 실천으로 연결할지를 생각하고 결단의 기도를 드립시다!" 이렇게 구체적으로 멘트를 해줌으로써 청소년이 삶에서 어떻게 구체적으로 말씀을 지킬 것인지를 스스로 결단하도록 해야 합니다.

6. 헌금

헌금은 하나님이 우리에게 주신 모든 것이 하나님의 것임을 선포하는 의식입니다. 하나님이 우리에게 주신 물질은 우리 것이 아니라 우리에게 맡겨 주신 하나님의 것입니다. 우리는 청지기로서 그 물질을 잘 관리하고 하나님의 일을 위해 사용할 의무가 있습니다. 십일조는 가장 먼저 10분의 1을 하나님께 올려 드림으로써 우리에게 주신 물질의 10분 10 모두 하나님의 것임을 선포하는 것이고, 나머지 10분의 9도 하나님의 것으로 알고 잘 사용하겠다는 결단이 담긴 헌금입니다. 사역자는 헌금의 의미, 내용, 태도, 종류 등을 설교나 교육을 통해 알려 주어야 합니다.

헌금위원과 헌금기도는 청소년이 순서를 따라 맡도록 합니다. 이때 헌금특송을 신청받아 진행하는 것이 중요합니다. 물론 처음엔 아무도 나서지 않을 것입니다. 먼저 교사와 사역자가 모범을 보이고 그다음에 임원들이 특송하도록 하면 자연스럽게 헌금특송 문화가 조성될 것입니다.

제가 사역할 때도 헌금특송을 신청하는 학생이 없어서 가장 먼저 제가 헌금특송을 했습니다. 그다음으로 교사들이 했습니다. 그렇게 반복되자 어느덧 학생들이 저를 찾아와 자원을 했고, 자연스럽게 헌금특송 문화가 자리 잡을 수 있었습니다. 1년

가량 지나자 찬양, 워십댄스, 악기 연주는 물론 랩까지 하는 그야말로 풍성한 헌금특송 시간이 되었습니다.

7. 축복기도

안수받은 목사는 고린도후서 13장 13절의 "주 예수 그리스도의 은혜와 하나님의 사랑과 성령의 교통하심이 너희 무리와 함께 있을지어다"와 민수기 6장 24-26절의 "여호와는 네게 복을 주시고 너를 지키시기를 원하며 여호와는 그의 얼굴을 네게 비추사 은혜 베푸시기를 원하며 여호와는 그 얼굴을 네게로 향하여 드사 평강 주시기를 원하노라 할지니라 하라"의 말씀을 가지고 축복기도를 하면서 예배를 마무리합니다.

8. 기타: 광고

예배 후에는 광고를 하는데, 광고는 청소년의 눈높이에 맞게 흥미로운 요소를 넣어서 하면 좋습니다. 임원 두 명이 나와서 예능 MC처럼 하는 방식도 학생들에게 흥미를 줄 수 있고, 청소년부 안에 방송반을 만들어서 뉴스 형식으로 영상을 만들어서 하는 것도 흥미롭습니다. 광고와 같이 중요하지 않다고 생각하는 순서도 청소년들이 흥미를 가지고 집중할 수 있도록 중요한 순서로 만드는 것이 필요합니다. 광고 아이디어는 임원들에게 맡겨서 그들의 의견이 적극 반영되도록 하는 것이 좋습니다.

9. 세례와 성찬

기독교의 예전인 세례와 성찬도 어떻게 할 수 있을지 고민해 보아야 합니다. 예수 그리스도께서 나의 죄 값을 치르기 위해 죽으셨고, 사흘 만에 부활하심으로 나의 죄가 완전히 씻어졌음을 증명하고 선포하는 의식이 바로 세례입니다. 그리고 성찬은 예수 그리스도의 십자가와 부활 사건을 기념하고 예수 그리스도와 연합하는 의식입니다. 보통의 교회에서는 세례와 성찬을 성인 예배 중에 진행하는데, 청소년들만의 세례와 성찬도 시행해 볼 필요가 있습니다. 물론 교회 사정상 청소년부 독자적으로 세례와 성찬을 할 수 없다면, 세례와 성찬을 하는 주일에 세례가 무엇인지, 성찬이 무엇인지 교육할 수 있습니다. 독자적으로 청소년부 예배 중에 세례식을 할 수 있다면, 청소년들의 간증이 들어갈 수 있고, 세례식을 마치고 나서는 진심으로 축하해 주는 축하 파티를 열 수 있습니다. 또한 성찬식을 독자적으로 할 수 있다면, 예수님이 마지막 만찬을 베푸시는 장면이 나온 영화를 편집해서 보여 주는 것도 좋고, 성찬식에 참여하고 나서 느낀 점, 깨달은 점, 감사한 점 등을 나누거나 예수님께 감사 편지 쓰기 등을 할 수 있습니다.

예배 공간, 청소년의 감성을 만져라

청소년 예배에서 공간 기획이 참 중요합니다. 청소년은 공간에 따라서 집중도가 확연히 달라집니다. 어른들이야 어떤 공간에서라도 예배에 집중하고 예배드리기 위해 노력하지만 청소년들은 공간에 큰 영향을 받습니다. 그래서 청소년 예배 공간은 성인 예배 공간과 같아서는 안 됩니다. 청소년 예배 공간에서 중요한 것은 전등입니다. 전등이 형광등일 수도 있고, 백열등일 수도 있고, LED일 수도 있습니다. 중요한 것은 색깔입니다. 주황색 계열을 사용하는 것이 좋습니다. 주황색 계열은 불색과 가까워서 따뜻하게 느껴집니다. 소위 감성 터치가 가능합니다. 예배는 전인적인 측면을 다 반영하지만, 감성적인 측면이 많습니다. 참고로 형광색 계열은 이성적인 작업을 하는 공간에서 주로 사용합니다. 학교나 직장에서 형광색 계열을 사용하는 이유입니다.

청소년부 예배 공간은 전체적으로 어둡게 하고, 예배 인도하는 공간에만 주황색 계열의 불을 켜면 예배 집중도를 높일 수 있습니다. 요즘 청소년들은 아이돌 콘서트 영상에 익숙해서 콘서트장 느낌이 나게 해주면 집중도가 올라갑니다.

청소년 예배 공간 구성에서 신경 써야 하는 또 한 가지는 의자 배치입니다. 청소년들은 의자를 일렬로 배치하는 것에 익숙하지 않습니다. 특히 어른 예배에서 사용되는 장의자를 어색해

합니다. 약간 원형으로 의자를 배치하는 것이 청소년들의 집중도를 높일 수 있습니다. 사역자는 원형으로 배치된 공간에 들어가 설교하면 좋습니다. 어디서든 사역자가 잘 보이기 때문에 집중도를 높일 수 있습니다. 실제로 저는 청소년부 예배실의 의자 배치와 전등 램프를 바꾸어서 예배의 집중도를 높인 사례가 있습니다. 당시 청소년부 예배실은 형광등으로 되어 있어서 전부 바꾸기는 어려웠습니다. 그래서 예배 때 형광등을 다끄고 예배 인도자 공간에만 부착식 주황색 계열 전등을 5개 달아 켰습니다. 장의자도 다 빼고 비싸지 않은 플라스틱 의자를 사서 원형으로 배치하고 그 속에 들어가 설교를 했습니다. 그러자 예배 집중도가 확연히 높아졌고 은혜롭게 예배를 드릴 수 있었습니다.

교회력, 목회력을 예배 속으로

청소년 예배에서는 교회력 및 목회력을 별로 신경 쓰지 않는 경향이 있습니다. 그러나 교회력과 목회력에는 교회 역사와 전통은 물론 신앙의 중요한 내용이 담겨 있기 때문에 간과해선 안 됩니다. 교회력은 대강절, 성탄절, 주현절, 사순절, 부활절, 성령강림절로 연결되는 예수님의 사역을 중심으로 구성되어 있어서 예수님의 사역을 깊이 살펴봄으로써 예수님의 은혜에 감사할 수 있습니다. 그밖에 목회력에는 신년주일, 어린이주일, 어버이주일, 스승의 주일, 맥추감사주일, 추수감사주일, 종교개혁주일, 교회창립주일 등이 있습니다.

교회력 및 목회력에 따른 예배를 드릴 때는 임원들과 함께 특별예배로 기획해서 영상과 같은 시청각 자료를 활용할 수 있고, 연극이나 스킷 드라마도 시도할 수 있습니다. 또한 주제에 부합하는 특별 설교, 특별 찬양을 할 수도 있고, 예배 후에는 기념 파티를 할 수 있습니다.

온라인 예배는 가능합니다만

코로나로 인해 온라인 예배가 시작되었습니다. 코로나가 끝난 후에도 현장 예배와 병행하는 교회들이 많습니다. 온라인 예배는 신학적, 성서적으로 가능합니다. 요한복음 4장에서 사마리아 수가성의 여인이 예배에 대해 예수님께 질문하는 장면이 나옵니다. 이때 예수님의 가르침은 이렇습니다.

"예수께서 이르시되 여자여 내 말을 믿으라 이 산에서도 말고 예루살렘에서도 말고 너희가 아버지께 예배할 때가 이르리라"(요 4:21).

여인은 어디서 예배드리느냐고 물었으나 예수님은 장소가 아닌 시간으로 답변하십니다. 하나님께 온전히 예배할 때가 온다는 것입니다. 예수님의 십자가 사건으로 우리 인간의 죄가 씻겨졌고, 그로 인해 하나님께 온전히 예배드리는 때가 이르렀습니다. 그래서 예수님의 십자가 사건 이후에는 구약 시대처럼 예루살렘 성전과 같은 특정 장소가 아니라, 하나님께 온전히 예배드리는 때, 시간이 중요해졌습니다. 그런 점에서 온라인도 예배의 장이 될 수 있습니다.

그런데 놓치지 말아야 할 것이 있습니다. 바로 예배드리는 태도입니다. 예수님은 "하나님은 영이시니 예배하는 자가 영과 진리로 예배할지니라"(요 4:24)라고 말씀하셨습니다. 영적인 예배, 진정성 있는 예배, 마음과 행동이 일치된 진실된 예배의 태도를 강조하신 것입니다. 온라인 예배에서 가장 명심할 것이 바로 영과 진리로 예배드리는 것입니다. 현장 예배보다 온라인 예배 중에 이 태도를 견지하기가 더 힘들기 때문입니다.

만약 온라인 예배와 현장 예배를 병행하고 있다면 학생들에게 온라인 예배 가운데서도 영과 진리로 예배드릴 수 있다면 그렇게 하고, 그것이 힘들다면 무조건 현장 예배에 나오라고 해야 합니다. 저도 온라인 예배를 드려 보았지만, 영과 진리로 예배드리는 것이 매우 힘들다고 느꼈습니다. 하물며 청소년들이 온라인 예배를 잘 드릴 수 있을지는 의문입니다. 그래서 저는 현실적으로 주일예배는 무조건 현장 예배만 해야 한다고 생각합니다. 대신에 주중 예배를 온라인 예배로 신설하는 게 어떨까 합니다. 현재 주중 예배를 드리는 청소년부는 거의 없을 것입니다. 학교와 학원에서 매우 바쁜 청소년들이 주중에 교회에 나와서 예배드리기는 현실적으로 어렵습니다. 그래서 주중 밤시간을 이용해 온라인 예배를 드리는 문화를 만들자고 제안합니다. 어른들은 주중에도 새벽예배, 수요예배, 금요예배가 있는데 청소년들은 주중 예배가 없다는 것이 목사로서 매우 안타깝습니다.

온라인 예배는 실시간이어야 합니다. 공동체가 함께 모이는 예배는 공예배입니다. 공예배의 특징은 같은 공동체가 같은 시간에, 같은 장소에 모이는 것입니다. 그래야만 공적인, 공식적인 예배가 됩니다. 공동체가 같은 시간에, 온라인이라는 같은 장소에 모이려면 무조건 실시간이어야 합니다. 그래서 출석 체크가 필요합니다. 그리고 온라인 예배는 집중도가 금방 떨어질 수 있기 때문에 문자나 음성으로 참여할 수 있도록 하고, 설교 시간에도 쌍방향 소통을 하기 위해 노력해야 합니다.

설교는 재미가 아니라 진정성으로!

청소년 사역에서 설교는 가장 중요한 요소라고 말할 수 있습니다. 청소년 사역자는 매주 설교를 준비하고, 청소년들에게 설교를 하는 자입니다. 그렇기 때문에 설교에 대한 전문성을 가져야 합니다. 청소년 사역자는 하나님의 말씀을 대언하는 사람이라는 거룩한 사명을 가지고 철저하게 설교를 준비해야 합니다. 청소년 설교를 잘한다는 사역자의 설교를 듣다가 아쉬운 적이 있습니다. 설교 내용이 너무 가벼웠던 것입니다. 청소년의 눈높이에 맞춰 재미도 있고 시대적 상황에 맞는 영상도 있었으나 그 내용이 너무 가벼워 소위 변죽만 울리다 끝나 버렸다는 느낌을 지울 수 없었습니다. 물론 설교를 철저히 준비하고 본문 주석도 잘하고 마음을 다해 설교하나 청소년들이 흥미를 못 느껴 딴짓하는 경우가 더 많습니다. 그렇다 보니 본문을 깊이 묵상하고 연구하는 데 마음과 시간을 쏟기보다 청소년들이 듣는 설교, 흥미를 느끼는 설교에 집중하는 경향이 있습니다. 그만큼 청소년 설교가 쉽지 않습니다.

저도 20여 년 청소년 설교를 하고 있지만, 청소년 설교가 성인 설교보다 5배 이상의 에너지가 들어가는 것을 압니다. 설교 내용은 물론이고 그 전달 방식까지 신경 써야 하기 때문에 그렇습니다. 그 애씀을 잘 알지만, 그럼에도 청소년 사역자는 설교 내용을 어떻게 청소년의 눈높이에 맞춰 잘 전달할 수 있을까를 고민해야 합니다. 그들을 어떻게 웃게 해서 설교 시간에 딴짓하지 않게 할 수 있을까에 집중하지 않기를 바랍니다.

저도 많은 시행착오를 겪었습니다. '어떻게 하면 청소년들을 웃길 수 있을까?', '어떻게 재미있게 설교할 수 있을까?' 고민이 되어 예능 프로그램에서 개그 포인트를 잡아내고, 유행하는 웃긴 이야기를 찾는 데 에너지를 쏟았습니다.

처음으로 전국청소년연합수련회 강사로 초청받아서 설교했을 때가 생각납니다. 처음이다 보니 많이 떨렸습니다. 설교 원고도 외우고 당시 가장 재미있다는 이야기도 세 가지나 찾아서 설교단에 섰습니다. 학생들이 자기들끼리 신나서 왁자지껄 떠드는 것을 보니 바짝 긴장이 되었습니다. "얘들아, 목사님이 재미있는 이야기해 줄게, 들어 볼래?" 겨우 학생들의 주목을 끌어내 재밌는 이야기 하나를 하고 나니 학생들의 반응이 그런 대로 괜찮아서 재밌는 이야기를 더 하려고 했습니다. 그래서 준비해 간 두 번째 이야기를 꺼냈는데 문제가 생겼습니다. 이미 많은 학생들이 아는 이야기였던 것입니다. 학생들은 김이 샜는지 다시 떠들기 시작했습니다. 설교를 시작했으나 10분쯤 지나자 떠드는 소리가 더 커졌습니다. 진행요원들이 돌아다니며 학생들을 조용히 시키느라 바빴습니다. 저는 저대로 진땀을 흘리며 이렇게 말했습니다. "얘들아! 목사님이 잘하는 게 있는데 그게 바로 노래란다. 너희가 30분 설교 잘 들으면 노래 불러 줄게." 떠드는 소리가 순간 좀 줄어들었습니다. 30분 후에 약속대로 찬양을 불렀습니다. 하지만 아직도 설교 시간이 1시간 가까이 남아 있었습니다. "얘들아! 목사님이 또 잘하는 게 있는데 그게 바로 피아노 치는 거란다. 너희가 30분 설교 잘 들으면 피아노 쳐 줄게." 또 한 번 제안을 한 뒤 설교를 이어 나갔습니다. 30분 후에 애들이 외칩니다. "피아노! 피아노!" 저는 피아노를 쳤습니다. 그런데 문제는 그다음이었습니다. 학생들이 또 외칩니다. "노래하며 피아노! 노래하며 피아노!" 노래하면서 피아노 치라는 것입니다. 그래서 피아노 치면서 찬양하려고 했더니 학생들이 외칩니다. "가요! 가요!" 완전히 민망한 상황이었습니다. 은혜의 말씀을 전하려고 온 강사가 가요를 부르게 생긴 것입니다. 애들이 계속 "가요! 가요!" 외치니까 어쩔 수 없이 건전 가요를 피아노를 치면서 불렀습니다. 그렇게 어렵사리 설교를 마무리하고 내려오는데 정말이지 얼굴이 새빨개졌습니다. 쥐구멍에라도 들어가 숨고 싶었습니다.

전국청소년연합수련회에서 설교한 지도 벌써 20년이 되었습니다. 이제는 노하우도 있고, 배짱도 있고, 학생들이 졸거나 떠들어도 대처할 능력도 생겼습니다. 하지만 여전히 청소년 대상의 설교가 가장 어렵고 까다롭습니다. 다만 초창기와 달라진 점이 있다면, 학생들을 인위적으로 웃기려고 노력하지 않는다는 것입니다. 제가 청소년 사역을 하면서 깨달은 것이 있다면 바로 청소년 사역자는 코미디언이 아니라는 사실입니다. 청소년들을 웃기는 설교는 학생들이 잘 들어서 좋겠지만, 남는 것이 없습니다. "저 목사님 진짜 웃겨요" 이것이 전부입니다. 설교의 목적이 학생들을 웃기는 것이 아니잖습니까. 사역자들이 청소년들을 웃겨야 한다는 강박에서 벗어나기를 바랍니다.

청소년들은 자신이 중요하다고 생각하는 데에는 매우 진지

합니다. 자기한테 꼭 필요하다고 생각하는 데에는 집중을 하고 배우려고 합니다. 그래서 요즘 저는 전국청소년연합수련회에 가면 이렇게 말합니다. "얘들아! 너희는 웃긴 설교 잘 듣지? 그런데 나는 오늘 너희를 웃기지 않고 진지하게 설교할 거야. 내가 코미디언은 아니잖아. 설교는 하나님의 말씀을 전하는 것이지, 웃기는 말을 전하는 것이 아니지 않니? 내가 한마디만 더 할게. 너희 교회 부서 전도사님, 목사님들은 설교 준비할 때 어떻게 하면 너희를 웃겨서 졸지 않게 할까 부단히 연구해. 예능 프로그램도 참고하고. 왜 그럴까? 설교하면 너희가 집중하지 않고 딴짓하니까. 너희 전도사님, 목사님이 말씀을 깊이 묵상하고 연구해야 할 시간에 개그 프로그램, 예능 프로그램 보면서 웃기는 포인트를 연구하고 있다는 거야. 여러분! 설교는 웃긴 이야기를 하는 시간이 아니고, 살아 계신 하나님의 말씀을 전달하는 시간이야. 여러분은 그 하나님의 말씀을 잘 들어야 하는 거야. 나는 여러분이 어리다고 생각하지 않아. 웃긴 이야기를 해야만 듣는다고 생각하지 않아. 일제 강점기에 3·1 운동이 일어났잖아. 그때 중요한 역할을 한 사람들이 당시 청소년들이었어. 우리가 잘 아는 유관순 열사도 청소년이었어. 나라가 위태할 때는 여러분이 일어나서 나라를 구하는 데 앞장서야 한다고." 이렇게 말하고 설교를 시작하면 진지하게 잘 듣습니다.

설교문 작성, 영발로?
아니 꼼꼼히

1. 주제

청소년 설교의 주제는 첫째, 교회력 및 목회력에 따른 주제입니다. 대강절, 성탄절, 주현절, 사순절, 부활절, 성령강림절과 같은 교회력과 신년주일, 어린이주일, 어버이주일, 스승의주일, 맥추감사주일, 추수감사주일, 종교개혁주일, 교회창립주일 같은 목회력에 해당하는 주제로 설교를 진행하면 됩니다.

둘째, 신앙 교육 주제입니다. 삼위일체 하나님, 복음, 예수님의 삶, 교회, 공동체, 기도, 성경, 전도, 예배, 헌금, 찬양, 감사, 세례, 성찬 등이 신앙 교육 주제의 예입니다.

셋째, 청소년들의 삶입니다. 청소년들의 고민을 다루고 그 해결책을 제시하는 것입니다. 진로, 갈등, 학업, 중독, 혼란, 거친 말, 열등감 등이 주제가 될 수 있으며, 그 해결책으로 소명·비전·사명, 사랑, 정직한 노력, 절제, 평안, 바른 언어, 소중함이 될 수 있습니다. 주제 설교는 시리즈로 진행하면 좋은데, 한 주제당 시리즈가 5편을 넘지 않는 게 좋습니다. 5편이 넘으면 학생들의 기대감이 사라지기 때문입니다.

주제	설교 본문
소명: 생명을 살리기 위한 하나님의 부르심, 하나님 자녀로의 부르심	사도행전 2:39, 이사야 49:1, 예레미야 1:5, 레위기 11:45, 요한계시록 3:20
비전: 하나님을 기쁘시게 하며 살기, 세속 안에서 하나님의 가치를 보며 살기	이사야 43:21, 베드로전서 2:9, 요한일서 2:16-17, 요한복음 12:24, 고린도전서 10:31, 13:13, 마태복음 11:29
사명: 청지기 의식을 가지고 하나님의 영광을 위해 하나님의 동역자로 살아가기. 생명을 걸고 해야 하는 일	갈라디아서 2:20, 베드로전서 4:10, 누가복음 17:10, 창세기 50:20, 사도행전 20:24, 시편 29:1, 115:1, 고린도전서 3:9, 6:20, 골로새서 3:23
사랑: 무조건적인 아가페 사랑	요한일서 4:8, 4:10, 4:16, 요한복음 3:16, 13:34, 스바냐 3:17, 마태복음 5:44
정직한 노력: 최선을 다하기	갈라디아서 6:7, 이사야 26:7, 잠언 11:3, 시편 7:10, 33:4, 126:6
절제: 잘못된 것을 멈추기	베드로후서 1:6, 갈라디아서 5:23, 디모데후서 1:7, 고린도전서 9:25, 디도서 1:8
평안: 예수 그리스도 안에서 평안	에베소서 2:17, 4:3, 6:15, 요한복음 14:27, 데살로니가전서 5:23, 빌립보서 4:6-7
바른 언어: 하나님께서 기뻐하시는 말	시편 34:13, 잠언 21:23, 야고보서 1:26, 3장, 베드로전서 3:10, 이사야 50:4
소중함: 나는 소중한 사람	창세기 1:27-28, 시편 1:3, 예레미야 31:12

넷째, 성경 각각의 책을 주제로 삼습니다. 청소년은 성경에 대해서 잘 모릅니다. 그래서 성경 각 책별 중심 주제와 핵심, 배경과 역사에 대해서 설명하는 설교를 한 달에 한 번 혹은 방학 기간에 특별 설교로 진행할 필요가 있습니다. 참여하는 학생에 한해 하는 성경 교육이 아니라 전체 설교 시간에 하는 것이 좋습니다. 학생들이 흥미롭게 들을 수 있도록 세계사와 연결해서 설명하거나 지도와 사진 등 시청각 자료를 활용하는 것이 좋습니다.

다섯째, 성경 인물 주제입니다. 하나님이 귀하게 쓰신 성경 속 인물들에게서 본받을 만한 점들을 찾아서 설교할 수 있습니다. 예를 들면, 아브라함의 믿음, 이삭의 양보, 야곱의 성실, 요셉의 용서, 모세의 리더십, 여호수아의 열정, 삼손의 회개, 다윗의 찬양 등을 들 수 있습니다. 성경 인물 주제는 청소년들에게 좋은 신앙인의 모델을 제시한다는 점에서 효과적인 주제이고, 학생들도 큰 도전을 받을 수 있습니다.

2. 설교문 작성 준비 과정

설교 본문이 정해지면, 적어도 4가지 버전의 성경 본문을 월요일에서 수요일까지 계속 읽고 묵상합니다. 예를 들면, 개역개정, 새번역, 현대인의성경, 영어 NIV 등으로 설교 본문을 계속 읽고 묵상합니다. 여러 가지 버전의 성경 본문을 읽다 보면 이해 안 되던 내용이 이해될 수 있고, 해석 안 되던 본문이 해석

되는 경우가 많습니다. 성경을 묵상하고 연구하는 과정에서 본문의 주인공이 누구인지 파악하고, 본문이 어떤 배경에서 전개되는지를 이해합니다. 이 단계에서는 성경배경사전이나 성경배경주석의 도움을 받을 수 있습니다. 그리고 핵심 단어와 중요한 단어를 찾고 이 단어가 각 버전에서 어떻게 번역되었는지 비교하면서 이해합니다. 그다음 히브리어, 헬라어 원어 성경과 사전을 찾아서 정확한 단어의 뜻을 파악합니다. 그런 다음 본문에서 중요한 포인트 1~3개를 정리하고, 이에 따르는 적용점을 찾아서 정리합니다.

청소년 설교에서 중요한 것이 바로 적용점 찾기입니다. 적용점은 구체적인 장(field), 구체적인 관계에서 찾아야 합니다. 구체적인 장(field)이란 청소년의 삶의 터전인 학교, 학원, 교회, 가정, 온라인 등을 말하며, 구체적인 관계란 부모, 형제, 교사, 친구, 선후배 등을 말합니다.

3. 설교문 구성

도입부:
지난주에 일어난 중요한 이슈, 사건에 대해 이야기합니다.
설교자의 개인 경험을 이야기합니다.
청소년의 관심사(예: 아이돌 가수, 예능 프로그램, 인스타그램, 유튜브 채널)나 관심을 가질 만한 사물(예: 스마트폰, 아이패드, 손목시계, 청소년들이 좋아하는 음식 등)을 가지고 이야기합니다.
* 설교 도입부는 설교 내용과 연결되어야 합니다.

본론:
본문의 배경을 설명합니다.
본문의 내용을 전체적으로 설명합니다.
본문에서 중요한 단어와 어려운 단어를 설명합니다.
본문에서 찾을 수 있는 중요한 포인트를 제시합니다,
삶에서 구체적으로 적용하고 실천해야 하는 내용을 제시합니다.

결론:
설교 내용을 간단히 요약합니다.
설교 주제와 부합하는 예화를 꺼냅니다.
삶 속에서 적용하고 실천하는 것이 중요함을 강조합니다.

4. 설교문 예시

제목: 왜 사는 것일까?

본문: 베드로전서 2:9

여러분! 핸드폰 가지고 있지요? 핸드폰을 왜 사용하지요? 말해 보세요. 카카오톡 하려고, 유튜브 보려고, 문자하려고, 전화 주고받으려고, 웹드라마 보려고, 인터넷에 들어가서 정보 검색하려고, 게임하려고 등 여러 이유로 핸드폰을 사용하지요. 핸드폰 입장에서 보면 이것이 바로 핸드폰이 존재하는 목적이겠지요. 여기서 알 수 있는 점은 핸드폰의 존재 목적은 하나가 아니라 여러 가지라는 점이지요. 그런데 깊이 생각해 볼 것이 있습니다. 핸드폰의 여러 존재 목적 중에 가장 기본적이고 중요한 목적은 무엇이냐는 것입니다. 답은 전화를 주고받는 것입니다. 왜일까요? 이 물건의 이름이 '폰'이기 때문입니다. 폰은 전화를 뜻하잖아요. 전화를 주고받을 수 있어야 폰이 되는 것입니다.

만약 전화를 주고받을 수 있는 것만 안 되고, 문자도 잘 되고, 인터넷 접속도 잘 되고, 게임 앱도 잘 작동한다면 이 물건을 폰이라고 할 수 있을까요? 그럴 수 없을 것입니다. 그래서 여기서 사물의 중요한 원리가 나옵니다. 그것은 모든 사물은 존재하는 목적이 여러 가지 있는데, 그중에서도 가장 기본적이고 중요한 목적이 있다는 것입니다. 그리고 기본적이고 중요한 목적이 잘 수행되면, 나머지 목적도 다 의미 있게 된다는 것입니다.

또 하나 생각해 볼 것이 있습니다. "핸드폰의 목적은 핸드폰이 스스로 만들어 낸 것일까요, 아니면 핸드폰을 만든 제작자가 맨 처음에 구상해서 핸드폰에 부여해 준 것일까요?" 네. 답은 핸드폰을 만든 제작자가 핸드폰을 만들 때 핸드폰의 목적을 구상해서 핸드폰에 부여해 준 것입니다. 여기서 알 수 있는 사물의 중요한 원리 또 하나는 모든 사물은 그 사물을 만든 제작자가 있고, 그 제작자가 목적을 구상해서 사물에 부여했다는 것입니다.

핸드폰도 이러한데 핸드폰보다 천 배, 만 배, 십만 배, 백 만 배… 핸드폰과 비교가 안 될 만큼 복잡하게 구성된 우리 인간은 어떨까요? 여러분에게 질문을 하나 할게요. 생각하고 답을 해보세요. "나는 왜 사는 것 같아요?" 이런 질문을 스스로 던지고 깊이 있게 생각해 본 적이 별로 없지요? 정신없이 학교생활하고, 학원 생활하고, 공부하느라 생각할 여유가 없었을 것입니다. 그러나 가장 중요한 인생의 질문이니까 이 질문에 대한 답변을 생각해 보기 바라요.

우리에게는 인생의 목적이 여럿 있습니다. 건강하게 사는 것이 인생의 목적일 수 있습니다. 돈 많이 버는 것이 인생의 목적일 수 있습니다. 즐겁게 사는 것이 인생의 목적일 수 있습니다. 맛있는 음식 먹고 사는 것이 인생의 목적일 수 있습니다. 그 목적이 잘못되었다는 것이 아닙니다. 지금 이야기한 목적은 아까 핸드폰의 비유에서 웹드라마 보는 것, 유튜브 들어가서 보는 것, 인터넷에 들어가서 정보 검색하는 것, 게임하는 것에 해당합니다. 여러 가지 인생의 목적 중에서 가장 기본적이고 중요한 목적이 있습니다. 우리는 이 인생의 가장 기본적이고 중요한 목적을 발견하고 그 목적대로 살아야만 합니다. 그 목적대로 살아야 나머지 목적인 건강하게 사는 것, 돈 많이 버는 것, 행복하게 사는 것, 맛있는 음식 먹고 사는 것이 의미 있게 됩니다.

그런데 가장 기본적이고 중요한 목적을 모른 채, 돈 많이 버는 것만 추구하고 산다면 돈이 타락의 길로 인도할 수 있습니다. 즐겁게 사는 것이 잘못된 쾌락의 길로 인도할 수 있습니다.

그리고 핸드폰을 관찰하면서 살펴본 것처럼, 우리의 존재 목적은 우리 자체에 있는 것이 아니라 우리를 만든 제작자가 우리의 존재 목적을 구상하고 그 목적을 우리에게 부여해 준 것입니다. 우리의 제작자는 바로 하나님이십니다. 그러면 우리 인간의 기본적이고 중요한 존재 목적을 어디서 찾아야 할까요? 바로 성경에서 찾아야 합니다. 성경은 우리를 만드신 하나님의 말씀이기 때문에 성경에 답이 있습니다.

오늘 본문인 베드로전서는 예수님의 수제자 베드로가 소아시아에 흩어져 있는 예수님을 믿는 성도들에게 보낸 편지입니다. 이 시기는 로마의 네로 황제에 의해서 박해가 심해지는 때여서 예수님을 믿는 성도들이 엄청난 고난과 박해를 받기 시작했습니다. 이러한 상황에서 예수님을 믿는 성도들을 위로하고 구원의 소망을 불어넣기 위해 베드로가 편지를 쓴 것입니다. 그래서 베드로전서의 별명은 '소망의 서신'입니다. 그리고 베드로전서 2장 9절에는 예수님을 믿는 성도들은 어떤 존재인지, 그리고 어떻게 살아야 하는지에 대한 답이 제시되어 있습니다. 베드로전서 2장 9절의 앞부분을 보면, 제가 학창 시절에 잘 부르던 축복송의 가사가 담겨 있습니다. "그러나 너희는 택하신 족속이요 왕 같은 제사장들이요 거룩한 나라요 그의 소유가 된 백성이니…" 예수님을 믿는 성도가 어떤 존재인지에 대해서 말씀하고 있습니다. 우리도 예수님을 믿는 사람들입니다. 그래서 이 내용은 우리에게 해당되고 적용됩니다. 우리는 하나님께서 택하신 족속입니다. 족속이라는 단어가 옛날 말 같지요? '족속'을 '자손'으로 바꾸면 더 이해하기 쉬울 것입니다. 그리고 우리는 왕이고 제사장입니다. 성경 시대 가장 고귀한 존재는 왕이고 제사장인데, 우리가 바로 왕이고 제사장이라고 하나님이 말씀하십니다. 그리고 우리는 하나님의 거룩한 나라입니다. 우리같이 작은 한 사람 한 사람을 '나라'로 보시는 분이 바로 하나님이십니다. 비행기 타고 하늘에 올라가면 땅에 있는 사람들이 아주 작게 보입니다. 이렇게 작은 존재인 우리를 하나님은 '나라'로 부르십니다. 그다음 우리는 하나님의 소유가 된 백성, 즉 우리는 하나님께 속한 자들입니다.

여러분! 이것이 바로 하나님이 우리를 보시는 관점입니다. 너무 좋지요? 하나님은 우리를 이렇게 귀하게 보시는데, 열등감에 빠져 사는 청소년들이 너무 많아요. 다른 사람과 비교하면서 나는 못났다고, 나는 못한다고 열등감을 느끼며 힘들게 살아가는 청소년들이 많아요. 여러분! 세상의 비교 문화를 따라 좌절하거나 열등감에 빠지지 말고, 하나님이 나를 바라보시는 관점을 따라 그것을 붙들고 사시기를 소망합니다. 우리는 하나님의 자손이다! 우리는 왕이고 제사장이다! 우리는 나라다! 우리는 하나님의 것이다! 이 놀라운 정체성을 붙들고 살기를 소망합니다.

그런데 오늘 본문 말씀에서 중요하게 보아야 할 부분은 베드로전서 2장 9절 뒷부분입니다. "이는 너희를 어두운 데서 불러내어 그의 기이한 빛에 들어가게 하신 이의 아름다운 덕을 선포하게 하려 하심이라." 하나님이 왜 우리를 이렇게 귀한 존재로 바라보시냐는 것입니다. 그 답은 우리를 어두운 데, 즉 죄 가운데서 불러내어 하나님의 놀라운 생명의 빛 안으로 들어가게 하신 하나님의 놀라운 구원의 능력을 아직도 하나님을 모르고 죽어 가는 자들에게 선포하라는 것입니다. 개역한글판에는 '선포'가 '선전'으로 나와 있습니다. 유튜브를 보면 선전, 광고가 나오는데, 그것의 목적이 무엇입니까? 제품을 소개해서 소비자들로 하여금 그 제품을 선택하게 하는 것입니다. 마찬가지로 하나님의 구원의 은혜로 살아난 우리는 하나님을 모르고 죽어 가는 영혼들에게 하나님의 구원의 능력을 선포해서 그들이 하나님을 선택해서 믿을 수 있도록 해야 합니다. 이것이 우리가 살아가는 이유, 즉 우리의 가장 기본적이고 중요한 존재 목적입니다. 제가 짧게 인생의 목적으로 이렇게 선포하고 싶습니다. "하나님을 광고하라!" 하나님을 선포하고 선전하라는 것을 '광고하라'고 바꾸니까 더 와닿지요?

　하나님이 우리에게 부여하신 이 중요한 목적은 여러분과 저 모두에게 해당됩니다. 이 '목적'을 기독교 용어로 바꾸면 '비전'이라고 말할 수 있습니다. '비전'은 라틴어에서 온 단어입니다. 라틴어로 '보다'라는 뜻을 가지고 있습니다. 무엇을 바라보고 나아갈 것인지가 바로 인생의 목적이고, 이것이 비전의 의미입니다. 이 비전은 우리 모두 똑같습니다. 하나님을 믿는 우리 모두는 하나님을 광고하고 살아야 합니다.

　그런데 하나님을 광고하며 살기 위한 구체적인 삶의 모습은 다 같을까요, 다를까요? 하나님을 광고하며 살려는 목적, 즉 인생의 비전은 같지만, 그 목적을 이루는 구체적인 인생의 모습, 삶의 모습은 다릅니다. 그래서 새로운 용어가 나옵니다. 그것이 바로 '사명'입니다. 사명은 비전의 구체화입니다. 사명은 하나님이 나에게만 주신 것입니다. 사명은 하나님을 광고하라는 비전을 내 삶 속에서 구체적으로 이루기 위한 삶의 모습, 삶의 과제입니다! 사명은 현재에도 있고, 미래에도 있습니다. 현재에도 하나님을 광고하는 삶을 살 수 있고, 미래에도 하나님을 광고하는 삶을 살 수 있습니다. 그래서 여기서 하나의 단어를 더 말씀드리고 싶은데, 바로 '꿈'입니다. 꿈은 아직 이뤄지지 않은 미래이기 때문에 미래의 사명이라고 정의할 수 있습니다. 풀어서 정의하면 미래에 하나님을 광고하라는 비전을 내 삶 속에서 구체적으로 이루기 위한 삶의 모습, 삶의 과제가 꿈인 것입니다. 우리 청소년들의 입장에서 이 꿈을 이루기 위한 수단과 도구가 바로 직업입니다.

여러분! 직업이 중요합니까, 꿈이 중요합니까? 꿈이 중요합니다. 직업은 꿈을 이루기 위한 수단과 도구입니다. 땅 파는 비유를 든다면 땅 잘 파는 것이 꿈이고, 땅 잘 파기 위해 필요한 삽이 수단과 도구입니다. 그러니까 이제부터는 미래에 어떤 직업을 가질 것인가만 고민하지 말고, 그 직업을 가지고 어떻게 구체적으로 하나님을 광고하는 삶을 살 것인지를 고민하고 찾기 바랍니다.

여러분은 어떻게 구체적으로 하나님을 광고하면서 살고 싶습니까? 미래뿐만 아니라 지금부터, 오늘부터 사명자로 살기 위해 노력해야 합니다. 현재 사명자로 살아야 현재가 연속되는 미래에도 사명자로 살 수 있습니다. 지금부터 사명자로 살기 위해서는 항상 이 질문을 가지고 일상생활을 살면 됩니다. 그 질문은 '하나님이 무엇을 기뻐하실까? 어떻게 하면 하나님이 정말로 기뻐하실까?'입니다.

하나님이 지금 청소년 여러분과 함께하시는 것을 믿습니까? 눈에는 안 보이지만, 하나님이 여러분 옆에서 언제나, 어느 때나 함께하심을 믿습니까? 그러면 이 질문을 다른 표현으로 바꾸어서 던져 보겠습니다. 하나님이 여러분이 말하는 것 하나하나를 다 듣고 계심을 믿습니까? 하나님이 여러분의 행동 하나하나를 다 보고 계심을 믿습니까? 다른 표현으로 바꾼 질문은 앞의 질문이랑 같은 내용입니다. 그런데 다른 표현으로 바꾼 질문은 좀 무섭습니다. 찔리기도 합니다. '아멘'이 잘 안 나옵니다. 하나님이 나와 함께하신다는 믿음이 확고하다면, 우리의 말이, 우리의 행동이 바뀔 것입니다. 우리가 하는 말을 하나님이 다 듣고 계시기 때문에 우리의 말을 통해 하나님을 기쁘시게 하려고 노력할 것입니다. 우리가 하는 행동을 하나님이 다 보고 계시기 때문에 우리의 행동을 통해 하나님을 기쁘시게 하려고 노력할 것입니다. 교회 안에서, 학교 안에서, 학원 안에서, 가정 안에서 우리의 모습이 바뀔 것입니다. 매주 드리는 예배의 자세가 바뀔 것입니다. 만약에 아무리 오래 하나님을 믿어도 우리의 말과 행동이 바뀌지 않는다면, 하나님이 정말 내 옆에 계셔서 나의 모든 것을 보고 계시다는 믿음이 없는 것입니다.

요한복음 4장 24절은 "하나님은 영이시니"라고 말씀합니다. 영은 공기와 같은 속성, 와이파이와 같은 속성이 있습니다. 그렇기에 하나님은 우리 눈에 안 보이지만 존재하십니다. 여기서 공기가 없다고 믿는 사람 있나요? 눈에 안 보여도 공기가 없다면 숨을 쉬고 살 수가 없습니다. 그리고 여기 와이파이가 없다고 믿는 사람이 있나요? 그러면 우리는 인터넷을 사용할 수 없습니다. 여러분! 눈에 보이고 안 보이고가 중요합니까, 아니면 존재가 있고 없고가 중요합니까? 존재가 있고 없고가 눈에 보이냐 안 보이냐보다 훨씬 중요합니다. 하나님은 영이시기 때문에 눈에 안 보이는 것뿐이지 사실은 지금 우리 옆에 계십니다. 만약 하나님이 내 옆에 계시는 것이 내 눈에 항상 보인다면, 어떻게 살겠습니까? 학교에서 축구를 하는데 후배가 나를 밀어서 내가 넘어졌어요. 어떻게 해야 할까요? 안 좋은 말이 나오겠지요? 안 좋은 말을 하려는데, 하나님이 나를 보고 계시는 것이 보인다면 이때 후배에게 안 좋은 말을 할 수 있겠습니까? 그런데 우리의 현실은 안 좋은 말을 하고 있지요? 그러면 우리는 하나님이 우리 옆에 있는 것을 믿지 못하는 것이 아니겠습니까? 우리에게는 눈에 보이고 안 보이고가 중요했다는 것 아닙니까? 하나님이 눈에 보이지 않으니까 하나님이 내 옆에 계시다는 것을 믿지 못한다든지, 잊어버린다든지 한다는 말이 아니겠습니까? 하나님은 영이시니 우리 눈에 안 보일 뿐이지, 항상 우리와 함께 계십니다. 매일 하나님이 나와 함께 계심을 믿고, 어떻게 하면 하나님이 기뻐하실까를 고민하며 살아가야 매일의 삶 속에서 하나님을 광고하는 사명자의 삶을 살아갈 수 있습니다.

제가 고등학교 1학년 때 있었던 일입니다. 영어 시간이었어요. 영어 선생님은 저희 반 담임 선생님이셨어요. 담임 선생님이 어느 날 수업은 하지 않고 오늘 특별한 시간을 갖자고 말씀하셨어요. 그 특별한 시간이란 한 사람씩 나와서 자기가 가장 존경하는 존재는 누구인지, 왜 존경하는지를 발표하자는 것이었어요. 한 사람, 한 사람씩 나와서 발표했습니다. 저는 누구를 말할까 고민했어요. 그러다 생각해 냈습니다. '아! 내가 가장 존경하는 분은 이순신 장군이지.' 참고로 저는 이순신 장군을 좋아합니다. 이순신 장군과 관련된 영화, 드라마는 다 보았습니다. 그래서 저는 앞에 나가서 큰 소리로 "제가 가장 존경하는 분은 바로 이순신 장군입니다. 그분은 우리나라가 풍전등화의 위험에 처한 임진왜란 때 사리사욕을 버리고, 오직 나라를 위해서 충성과 희생을 하신 최고의 리더였습니다…." 이렇게 발표한 뒤 '나는 발표를 참 잘해' 하며 자뻑에 빠져 자리로 돌아가고 있을 때 다음 차례 친구가 나가서 이렇게 말했습니다. "제가 가장 존경하는 분은 바로 예수님이십니다. 예수님은 우리의 구원자이십니다. 여러분도 예수님을 믿으세요!" 우쭐대면서 자리로 돌아가던 제 귓가에 친구의 말이 울려 퍼졌습니다. 저는 그 말이 평생 잊히지 않습니다. 그 말을 듣는 순간 얼굴이 새빨개졌습니다. '나도 예수님을 믿는데… 나는 예수님을 드러내지 못했는데….' 예수님이 제 친구의 모습을 보고 얼마나 기뻐하셨겠습니까? 제 친구는 학교생활 가운데 하나님을 광고하는 삶을 산 것입니다.

또 하나, 고등학교 1학년 때를 나누려고 합니다. 고등학교 1학년 때 국어와 영어, 수학에 한해 수준별 수업을 해서 A, B, C반으로 나뉘어 이동 수업을 했습니다. 제가 어느 반에 가면 꼭 만나는 친구가 있었는데, 그는 맨 앞에, 저는 맨 뒤에 앉곤 했습니다. 실제로는 같은 반인 적이 없던 그 친구는 쉬는 시간이면 책을 펼쳐 읽었습니다. 저는 밖에 나가 공놀이하기 바쁜데 말입니다. 하루는 무슨 책을 읽나 싶어 힐끔거렸는데 무슨 책이었을까요? 성경책이었습니다. 그는 엄청 큰 성경책을 가지고 다니면서 쉬는 시간이면 꺼내 읽었던 것입니다. 더 놀라운 것은 남들이 다 볼 수 있도록 성경책이 엄청 컸다는 것이고, 언제나 성경을 재미있게 읽었다는 것입니다. 누가 뭐라 하든 아랑곳하지 않고 당당하게 읽었습니다. 하나님이 이 친구를 얼마나 좋아하셨겠습니까? 저도 성경을 가지고 다니긴 했어요. 아주 작은 성경책이었죠. 하지만 읽으려고 가지고 다닌 것이 아니라, 그저 성경을 지니고 있으면 어쩐지 좋은 일이 생길 것 같아서 그랬습니다.

학교에서 밥 먹을 때 당당하게 두 손 모으고 기도하는 사람 손 들어 보세요? 당당하게 기도하고 밥을 먹어야 합니다. 여러분은 잘하라는 의미로 제 부끄러운 모습을 고백해 볼게요. 제가 중학생 때 학교에서 밥 먹을 때 기도하고 먹었을까요, 안 하고 먹었을까요? 저는 기도를 하는 것도, 안

하는 것도 아니게 기도하고 밥을 먹었습니다. 친구들 앞에서 대놓고 기도할 자신이 없어서 하나님께 이렇게 말씀드렸어요. "하나님! 제가 기도는 해야겠는데, 대놓고 기도하기는 창피해서 밥 먹기 전에 눈을 빨리 다섯 번 감았다 떴다 할게요. 첫 번째 눈 깜박이는 것은 '하나님 아버지'를 찾는 의미이고, 두 번째 눈 깜박이는 것은 '감사합니다', 세 번째는 '오늘 점심 주서서 감사합니다', 네 번째는 '오늘 하루 지켜 주세요', 다섯 번째는 '예수님의 이름으로 기도합니다. 아멘'의 의미입니다." 이것이 저의 기도법이었습니다. 제가 밥 먹기 전에 하늘을 보면서 눈을 다섯 번 깜박거리면 친구들이 "너 뭐 하냐?" 하고 물어보곤 했어요. 그러면 저는 "우리 반에 먼지가 많아서 눈에 뭐가 들어간 것 같다"고 대꾸했어요. 여러분은 절대 저처럼 지질한 모습을 보이지 않기를 바랍니다. 당당하게 두 손 모으고 전능하신 하나님께 기도하면서 친구들에게 하나님을 광고하기를 소망합니다.

사랑하는 여러분! 학교에서, 학원에서 다른 친구들 눈치 안 보고 성경을 당당하게 펴고 읽을 수 있는 사람이 되어야 합니다. 우리가 왜 다른 사람 눈치를 봅니까? 명품 브랜드를 숨기고 다니는 사람이 어디 있습니까? 명품 시계를 찬 사람은 일부러 자꾸 손목을 흔듭니다. 명품 핸드백을 든 사람은 자리에 앉을 때 가방을 책상 위에 올립니다. 여러분도 당당하게 여러분이 크리스천임을 드러내십시오. 성경

책도 가지고 다니고 당당하게 펴서 읽으세요. 식사 시간에 눈 꼭 감고, 두 손 모으고 기도하세요. 하나님을 광고하는 사명이 우리에게 있다는 사실을 잊지 마시기 바랍니다. 마가복음 8장 38절 말씀이 무섭게 다가옵니다. "누구든지 이 음란하고 죄 많은 세대에서 나와 내 말을 부끄러워하면 인자도 아버지의 영광으로 거룩한 천사들과 함께 올 때에 그 사람을 부끄러워하리라."

우리의 미래도 한번 생각해 볼까요? 미래의 사명이 꿈이라고 했지요? 우리의 꿈도 하나님을 광고하는 사명자의 삶이 되어야 합니다. 여러분! 왜 열심히 공부합니까? 왜 좋은 대학에 가려고 합니까? 돈 많이 벌려고? 사회적으로 인정받으려고? 잘 먹고 잘살려고? 안타깝지만, 단순히 돈 많이 벌고, 좋은 직장 갖는 것은 하나님과 관계없는 꿈입니다. 여러분의 개인적인 꿈과 하나님의 꿈을 혼동하지 마세요. 하나님을 안 믿는 사람들도 열심히 노력하면 좋은 대학에 가고 좋은 직장에 들어갑니다. 하나님을 안 믿어도 열심히 노력하면 돈을 많이 벌 수 있어요. 그런데 그것은 개인의 꿈을 이룬 것이지 하나님과 아무 관련이 없어요. 여러분은 개인의 꿈을 원합니까, 아니면 하나님의 꿈을 원합니까? 하나님의 꿈은 하나님과 관계있어야 하고 하나님을 광고하는 것이어야 합니다.

우리가 직업에 관심이 많은데 직업 자체는 사명이 아님

니다. 미래에 하나님을 광고하는 비전을 구체적으로 이루기 위한 삶의 과제가 꿈인데, 직업은 이 꿈을 이루기 위한 수단과 도구입니다.

여러분! 꿈의 사람 요셉 알지요? 요셉의 꿈은 무엇이었지요? 이집트 총리였을까요? 이집트 총리는 꿈을 이루기 위한 수단과 도구였습니다. 요셉의 꿈은 무엇입니까? 바로 생명을 살리는 동시에 생명을 살리시는 하나님을 광고하는 것입니다. 창세기 50장 20절에서 요셉은 훗날 자신을 팔아넘긴 형들을 만나 이렇게 말합니다. "당신들은 나를 해하려 하였으나 하나님은 그것을 선으로 바꾸사 오늘과 같이 많은 백성의 생명을 구원하게 하시려 하셨나니." 하나님은 고대 서아시아 지방에 7년 대풍년이 왔을 때 음식을 곳간에 잘 저장하고, 그다음 7년 대흉년이 왔을 때 곳간에 있던 곡식을 꺼내 고대 서아시아 지방 사람들에게 분배해 줄 사람으로 요셉을 택하셨습니다. 당시 이집트는 고대 서아시아 지방에서 가장 강대한 나라였고 이집트 총리의 영향력은 대단했습니다. 이집트 총리 정도 되면 고대 서아시아 지방 사람들에게 음식을 분배하는 역할을 충분히 감당할 수 있었던 것입니다. 그러니까 요셉이 오른 이집트 총리는 고대 서아시아 지방 사람들의 생명을 살리고, 생명을 살리시는 분이 하나님임을 광고하기 위한 수단이요 도구였던 것입니다.

그런데 우리는 수단에 집착합니다. 수단이 전부라고 생각합니다. 교수 되는 것, 교사 되는 것, 의사 되는 것, 가수 되는 것, 대기업 직원이 되는 것이 다인 줄 압니다. 아닙니다. 그것들은 직업일 뿐입니다. 꿈을 이루기 위한 수단과 도구에 불과합니다. 교수가 되어서, 교사가 되어서, 의사가 되어서, 가수가 되어서, 대기업 직원이 되어서 하나님의 구원 소식을 전하고 하나님을 광고하는 것이 중요한 것입니다. 사도 바울은 "내가 달려갈 길과 주 예수께 받은 사명 곧 하나님의 은혜의 복음을 증언하는 일을 마치려 함에는 나의 생명조차 조금도 귀한 것으로 여기지 아니하노라"(행 20:24)고 말했습니다. 하나님의 은혜의 복음을 증언하는 일이 바로 하나님을 광고하는 일입니다. 이것이 사명입니다. 이 시대에도 하나님을 광고하며 사명자로 살아가는 귀한 분들이 많습니다. 몇 분만 소개하겠습니다.

이화여자대학교 이지선 교수님을 아시지요? 이분은 이화여자대학교 재학 중에 뺑소니 교통사고를 당해서 전신 화상을 입고 예쁜 얼굴, 희망찬 미래, 건강까지 한순간에 다 잃었습니다. 대수술도 여러 차례 받았습니다. 그런데 놀랍게도 이지선 교수님은 뺑소니 교통사고를 낸 가해자를 용서했습니다. 가해자를 용서하면서 용서하시는 하나님을 광고했습니다. 병상에서 나온 후 그는 학교와 병원, 교회, 기관 등을 다니며 간증과 강연, 특강을 통해 하나님을 광고하는 인생을 살았습니다. 특히 아프고 병들고 외롭고 힘든 사람들에게 하나님을 전했습니다. 미국 유학에서 박사학위를 취득한 뒤 현재는 이화여대 교수로 사역하면서 동시에 장애인들을 전문적으로 돕는 연구와 활동을 하고 있습니다. 이지선 교수님의 삶의 궤적이 곧 하나님의 은혜와 사랑을 증거하는 것이었습니다.

다음으로 전 국가대표 축구선수 김신욱 선수가 있습니다. 그는 K리그의 MVP로 선정돼 상을 받는 자리에서 이렇게 말했습니다. "저는 예수님께 속한 축구선수입니다." 그는 팀 동료에게도 하나님을 광고하는 사명자로서 살고 있습니다.

오랫동안 영훈고등학교 국어 교사로 재직한 최관하 선생님도 있습니다. 그는 교내 기독동아리를 만들어 하나님을 광고했으며, 비기독교 학교인 영훈고등학교가 결국 기독교 학교가 되게 하는 데 크게 기여했습니다. 지금은 스쿨처치임팩트 대표로서 어떻게 학교에서 학생들에게 효과적으로 복음을 전하고 하나님을 광고할지를 연구할 뿐 아니라 학교에 스쿨처치를 만드는 사역을 감당하고 있습니다.

마지막으로 안수현 의사를 소개하려고 합니다. 《그 청년 바보의사》의 주인공입니다. 《그 청년 바보의사》는 젊은 의사 안수현이 자신의 홈페이지 등에 남긴 글을 엮어서 낸 책입니다. 그는 고려대 의대를 졸업하고 군의관으로 군대에 가서 사격훈련 지원에 나갔다가 풀밭에서 옮은 유행성출혈열에 걸려 33세의 나이에 죽은 아주 평범한 의사였습니다. 그런데 안수현 의사는 예수님을 닮은 삶을 살다 갔습니다. 그는 환자를 하나님께서 보내 주신 사람이라 생각하고 항상 따뜻한 미소로 대했습니다. 병사들에게, 환자들에게, 병원 직원에게, 심지어 병원 앞에서 구두 닦는 아저씨에게 책과 찬양 CD를 선물하고, 예수님의 복음과 사랑을 전하며 하나님을 광고하는 삶을 살았습니다. 환자와 환자 가족들을 위해 기도하는 의사였고, 환자가 퇴원하면 안부까지 물어보고 찾아가는 하나님의 사랑이 넘치는 의사였습니다.

놀라운 것은 그를 모신 고려대학교 안암병원 장례식장을 찾은 조문객이 무려 4천여 명이었다는 것입니다. 정치가도 아니요, 유명인도 아닌 무명의 군의관을 조문하러 각지에서 사람들이 몰려든 것입니다. 그들은 모두 그에게 은혜를 받은 사연이 있는 사람들이었습니다.

의사가 되고 싶습니까? 그렇다면 세상에서 인정받는 직업이니까, 돈 많이 버니까 의사가 되기를 원하지 말고 하나님을 광고하는 사명감을 가지고 산 안수현 같은 의사가 되기를 바랍니다.

하나님을 광고하는 사명자 한 명이 학교를 변화시키고, 병원을 변화시키고, 사회를 변화시킬 수 있습니다.

사랑하는 여러분! 라틴어 명언 중에 '메멘토 모리'가 있습니다. '죽음을 기억하라'라는 뜻입니다. 저는 이것을 기독교적으로 바꾸고 싶습니다. "하나님 만날 날을 상상하라." 우리는 언젠가 하나님을 만날 것입니다. 하나님 앞에 선 우리에게 하나님은 물어보실 것입니다. "너 뭐 하다 왔니? 내가 준 시간 속에서 뭐 하다 왔니?" 뭐라고 답변하겠습니까? "하나님! 저 하나님이 주신 사명 따라 살다 왔습니다. 예수님의 복음을 전하고, 하나님을 선포하고 광고하기 위해 최선을 다하다가 왔습니다. 저 칭찬해 주세요." 이 정도는 되어야 하지 않겠습니까? 사명 따라 산 사람이 성공한 사람입니다. 지금부터 교회 안에서, 학교 안에서, 학원 안에서, 가정 안에서, 선생님과의 관계에서, 친구와 선후배와의 관계에서, 부모님과의 관계에서 사명자가 됩시다! 우리의 사명을 다시 한 번 외칩시다!

"하나님을 광고하라! 하나님을 광고하라!"

학생들이 집중하는 설교

1. 선포

청소년 설교 중에는 피치를 올리며 강하게 강조하는 부분이 있어야 합니다. 본문에서 중요한 부분, 회개를 촉구하는 부분, 변화를 요구하는 부분, 깨달음을 강조하는 부분, 실천을 요청하는 부분에서 큰 소리로 선포하듯이 말해야 합니다. 청소년의 마음에 도전을 주고 열정의 불을 지피기 위해서입니다. 예수님이 그렇게 하셨습니다.

"예수께서 무리가 달려와 모이는 것을 보시고 그 더러운 귀신을 꾸짖어 이르시되 말 못하고 못 듣는 귀신아 내가 네게 명하노니 그 아이에게서 나오고 다시 들어가지 말라 하시매"(막 9:25).

"예수께서 깨어 바람을 꾸짖으시며 바다더러 이르시되 잠잠하라 고요하라 하시니 바람이 그치고 아주 잔잔하여지더라"(막 4:39).

"그 아이의 손을 잡고 이르시되 달리다굼 하시니 번역하면 곧 내가 네게 말하노니 소녀야 일어나라 하심이라"(막 5:41).

"이 말씀을 하시고 큰 소리로 나사로야 나오라 부르시니"(요 11:43).

그렇다고 항상 소리 높여 선포만 하면 듣는 학생들의 피로도가 올라가서 집중력이 떨어집니다. 그래서 꼭 필요한 부분에서 선포의 방법을 사용할 필요가 있습니다.

2. 설명

청소년 설교 중에는 자세히 설명할 필요가 있는 부분이 있습니다. 본래 설명은 지식을 전달할 때 사용합니다. 설교에서는 본문의 배경, 본문에서 중요하거나 어려운 단어를 청소년들에게 알려 줄 때 설명의 방법을 사용할 수 있습니다. 설명할 때는 친절한 어조로 차분하게 말하면 청소년이 잘 듣습니다. 설명을 잘하기 위해서는 설명하는 내용을 정확하게, 많이 알고 있어야 하고, 전달 능력이 좋아야 합니다. 그러나 설명을 잘하는 방법은 아주 간단합니다. 설명하는 경험을 많이 쌓는 것입니다. 그러면 자연스럽게 노하우가 쌓이게 됩니다.

시청각 자료를 활용해서 설명하면 좋습니다. 예를 들어, 갈릴리 호수가 어떤 곳인지를 설명할 때 갈릴리 호수 사진을 보여 주고, 갈릴리 지역 지도를 보여 주고, 갈릴리 호수 영상을 짧게 보여 주면 갈릴리 호수를 이해하는 데 크게 도움이 될뿐더러 지루하지 않은 설명이 될 수 있습니다. 제 개인적인 경험으로는,

본문의 배경이 되는 지역에 관한 영상을 보여 주며 설명할 때 본문을 더 정확하게 이해할 수 있고 간접적인 성지순례도 되어서 효과가 좋았습니다.

3. 삼대지(쓰리포인트)법

삼대지 설교법은 한국 교회 목회자들이 가장 많이 사용하는 방법일 것입니다. 소위 첫째, 둘째, 셋째의 세 가지 중요한 포인트를 제시하며 설교하는 것입니다. 청소년 설교에서 삼대지법을 사용할 때 주의할 점은 청소년의 삶에 적용할 수 있는가를 고려해야 한다는 것입니다. 어떻게든 청소년의 삶과 연결된 설교를 해야 합니다. 청소년의 삶에 와닿을 수 있도록, 말씀이 삶의 변화로 연결될 수 있도록 적용점을 고려하면서 세 개의 포인트를 제시하는 노력을 해야 합니다.

또한 삼대지의 분량이 비슷해야 합니다. 보통 삼대지법에서 가장 많은 분량을 차지하는 것이 '첫째'에 해당하는 내용입니다. 그러나 삼대지법은 첫째, 둘째, 셋째의 세 가지 포인트를 모두 강조하기에 분량이 비슷한 것이 좋습니다. 분량이 다르면 사역자가 "셋째" 할 때 청소년들은 '이제 곧 설교가 끝나겠구나' 하면서 집중도가 떨어지게 됩니다.

4. 원포인트법 & 투포인트법

원포인트법은 본문에서 중요한 포인트 하나만 잡고 진행하는 설교입니다. 원포인트법은 인위적으로 몇 개 포인트를 정하지 않고 하나의 포인트만 잡고 물 흐르듯이 진행하기 때문에 자연스럽습니다. 청소년의 특성상 하나의 포인트만 집중해서 하면 기억에 오래 남기는 효과가 있습니다.

투포인트법은 말 그대로 본문에서 중요한 포인트 두 개를 잡고 진행하는 설교입니다. 본문을 연구하다 보면 하나의 포인트만 제시하기에는 아쉽고 다른 중요한 포인트가 더 있을 때 포인트를 하나 더해서 설교하는 것입니다.

정리해서 삼대지법(쓰리포인트)으로 할 것이냐, 원포인트로 할 것이냐, 투포인트로 할 것이냐는 설교 본문을 연구하고 준비하는 중에 자연스럽게 정해지게 됩니다. 먼저 방법을 정하고 본문을 끼워 맞추는 것이 아닙니다. 그런데 청소년의 특성상 포포인트, 파이브포인트 등 3개 포인트를 넘기지 않는 것이 좋습니다. 첫째, 둘째, 셋째에서 넷째, 다섯째로 넘어가면 학생들의 집중도가 급격히 떨어질뿐더러 무슨 설교를 들었는지 핵심을 잊어버리기 쉽습니다.

5. 이야기법

성경에는 이야기 구조의 말씀이 많습니다. 아브라함, 이삭, 야곱, 요셉, 모세, 여호수아, 옷니엘, 에훗, 삼손, 드보라, 사무엘, 사울, 다윗, 솔로몬, 히스기야, 요아스, 요시야, 예수님… 모두 이야기법을 사용하기 좋은 인물들입니다. 이야기법에서 핵심은 리얼하게 본문을 소개하는 것입니다. 즉 문어체로 구성된 본문을 구어체로 재현하는 것입니다. 그러려면 설교자는 연기 하듯이 각 인물에 맞는 목소리를 내야 합니다. 리얼한 연기가 필요합니다.

이야기법은 성경의 본문 안으로 깊이 들어가게 해줍니다. 특히 성경 인물들이 처한 상황 속으로 깊이 들어가게 합니다. 따라서 이야기법의 핵심은 등장인물들을 연기하는 것이므로 많은 연습이 필요합니다.

6. 스킷 드라마

청소년 설교는 입체적인 방법이 필요한데 그 대표적인 방법이 스킷 드라마입니다. 스킷 드라마는 보통 설교 도입부에서 짧은 시간에 진행되는 연극인데, 스킷 드라마를 통해 설교 주제의 이해를 돕는 것은 물론 그들 삶에서 구체화하도록 도울 수 있습니다. 스킷 드라마를 사용하면 청소년들이 참여할 수 있어서 좋습니다. 사역자는 청소년부 임원들을 만나 다음 주 설교 주제와 본문, 주요한 내용에 대해서 설명한 뒤 함께 스킷 드라마 대본을 만들고 연습해서 다음 주 설교 시작 때 올리면 됩니다.

제가 청소년부에서 사역할 때는 스킷 드라마팀을 만들었고, 스킷 드라마팀을 책임지는 교사를 따로 세웠습니다. 학생들끼리 해도 좋지만 아무래도 교사가 있으면 설교의 주제에서 벗어나지 않을 수 있습니다. 스킷 드라마의 배경은 청소년의 학교

생활, 학원 생활, 가정생활입니다. 청소년의 삶을 배경으로 해야 공감할 수 있고, 설교의 주제가 실제 삶으로 연결되도록 도울 수 있습니다. 스킷 드라마를 매주 하려면 청소년 사역자는 부지런해야 합니다. 미리 전주에 다음 주 설교가 나와야 합니다. 너무 부담스럽다면 한 달에 한 번 정도 스킷 드라마를 하는 것도 괜찮습니다.

7. 영화

청소년은 영화를 좋아합니다. 그리고 영화는 통찰을 주기가 쉽습니다. 그래서 종종 영화를 가지고 영화 설교를 할 수 있습니다. 그러나 영화 설교에도 방법이 있습니다. 한 영화를 15~20분 편집해서 보여 주고, 그다음 핵심을 말해 주고 마치는 것이 아닙니다. 설교에서 삼대지법(첫째, 둘째, 셋째)을 사용하는 것처럼 세 가지 정도의 설교 포인트를 한 영화에서 추출해 내야 합니다. 그러려면 영화를 쭉 보면서 세 가지 정도의 설교 포인트를 잡고, 그 포인트가 극명하게 나타나는 영화의 부분을 각 5분씩 세 개 정도로 편집해서 붙이면 좋습니다.

구체적인 영화 설교 방법은, 먼저 본문 말씀을 짧게 설명한 뒤 영화의 도입부 2~3분을 보여 주고 영화의 배경을 설명합니다. 그런 다음 첫 번째 설교 포인트 부분이 담긴 영화의 내용을 보여 주고 첫 번째 설교 포인트를 설명합니다. 두 번째, 세 번째 설교 포인트도 같은 방식으로 진행합니다. 마지막으로 영화의 결론부 2~3분을 보여 준 뒤 본문 말씀과 연계해 한 번 더 정리하고 마무리합니다.

영화 설교는 쉽지 않습니다. 설교 포인트를 정확히 잡고, 그것과 관련된 영화 내용을 잘 편집해서 자연스럽게 진행하는 것이 중요합니다. 자신만의 영화 설교를 잘 준비해 두면 좋은 설교 자료가 될 수 있습니다

8. 패널 토론법

청소년이 관심을 가질 만한 특정 주제에 대해서 청소년은 어떤 생각을 가지고 있는지를 들어 보는 설교를 진행할 수 있습니다. 이 패널 토론은 설교 시간에 청소년들이 참여하는 것으로, 찬반양론으로 나뉠 수 있는 주제로 진행하는 것입니다. 예를 들면, '선의의 거짓말은 가능한가?', '청소년기에 이성 교제를 할 수 있는가?' 같은 주제입니다.

청소년부 임원들이 학생들을 대표해서 양쪽 패널로 나뉘어 자기 의견들을 제시하고 사역자는 사회자 역할을 합니다. 물론 이것은 즉흥으로 하면 안 되고 사전에 임원들과 함께 논의하고 준비하는 과정을 가져야 합니다. 양쪽 의견을 다 들은 후에는 사회를 본 사역자가 성경을 찾으면서 그 주제에 대한 답을 제시합니다. 그냥 청소년들이 나와서 이야기하는 것으로 끝내면 안 되고 성경적 근거를 들어 성경적 답을 제시하며 결론을 내야 합니다. 학생들의 의견을 듣고 공감하되 우리의 신앙과 삶의 유일

한 기준은 성경이기에, 성경적 근거를 가지고 성경적 답을 사역자는 제시할 수 있어야 합니다.

이처럼 청소년 설교는 성인 설교와 달리 청중의 참여를 강조할 필요가 있고, 설교의 본질을 지키는 가운데 창의적인 방법을 시도할 필요가 있습니다.

9. 발표법

설교의 주제와 관련해 자신이 결심한 내용을 학생들이 나와서 발표하게 하는 방법입니다. 저는 절기 예배 때 이 방법을 주로 사용했는데, 참여를 원하는 학생이나 임원들을 사전에 만나 주제를 주고 주제에 따라 결심한 내용을 기록하고 준비하게 합니다. 그리고 모여서 연습을 합니다. 설교 시간에는 사역자와 같이 앞으로 나와서 앉습니다. 사역자가 먼저 설교의 주제를 설명하고 결심한 내용을 학생 한 명 한 명에게 발표하게 합니다. 예를 들면, 추수감사주일에 사역자가 감사에 대해 설교를 하고 "우리 학생들은 감사를 어떻게 삶 속에서 구체적으로 실천할 것인지를 들어 볼까요?"라고 말하면 앞에 나온 학생들이 자신이 결심한 내용을 발표하는 것입니다. 발표법은 학생들이 설교에 참여할 수 있고, 설교의 내용을 삶에서 실천하도록 하는 것이어서 학생들에게 도전을 주는 좋은 방법입니다.

10. 간증

사역자가 설교 중에 간증을 할 수 있습니다. 간증이란 하나님과 만난 경험을 고백함으로써 하나님의 살아 계심을 증언하는 것입니다. 사역자의 간증은 청소년으로 하여금 하나님에 대해 구체적인 관심을 갖고 '나의 하나님'을 만나고 싶다는 열망을 품게 할 수 있습니다. 그러나 간증이 너무 신비적인 내용으로 흘러가거나 강요하게 되면 부작용이 나올 수 있기 때문에 유의해야 합니다. 하나님과의 만남 전에 어땠는지를 이야기하고, 그 만남의 경험이 어떻게 이루어졌는지 그리고 지금 하나님과의 친밀감 속에 살아가는 것이 어떤 면에서 좋은지를 솔직하고 담백하게 이야기합니다. 이때 '너희도 하나님을 인격적으로 만나려면 나와 같이 해야 한다' 같은 강요가 들어가면 역효과가 날 수 있습니다. 저는 수련회나 특별 집회, 새신자 초청잔치에서 설교 중에 간증을 하는 편인데, 학생들이 집중해서 잘 듣거니와 자신도 하나님을 찾아야겠다는 결심을 하는 것을 봅니다.

설교할 때 이것만 주의하자

첫째, 설교 중간중간에 학생들을 격려하고 응원하는 말을 합니다. 청소년은 격려와 응원의 말에 반응합니다. "와! 오늘 왜 이렇게 설교를 잘 들어? 역시 우리 교회 학생들이야.", "너희가 설교를 잘 들으니까 너무 행복하다. 역시 너희는 최고야."

둘째, 주의를 집중시킬 만한 문구를 종종 씁니다. '할렐루야', '복이 있을지어다', '사랑합니다', '축복합니다' 같은 문구를 사용하면 주의를 집중할 수 있습니다. 청소년은 설교를 잘 듣다가도 한순간에 집중도가 떨어져서 졸거나 떠들거나 딴짓을 합니다. 더구나 한두 학생만 분위기를 흐려도 전체 학생들에게 영향을 미칩니다. 따라서 설교 중간중간에 주의를 집중시킬 만한 문구를 사용해서 집중도가 떨어지는 분위기를 잡을 필요가 있습니다.

셋째, 설교 시간에 종종 질문을 던집니다. 청소년 설교는 쌍방향 소통이 이루어져도 괜찮습니다. 설교자가 설교하다가 중간에 갑자기 질문을 던지고 생각할 시간을 주어도 괜찮고, 질문을 던지고 질문에 자기 나름대로 답을 말하게 하는 것도 좋습니다. 저는 사명에 대한 설교를 하다가 학생들에게 이렇게 질문합니다. "너희는 왜 사니? 사는 이유와 목적이 뭐니? 말해 볼 사람?" 답을 말하면 후속 질문을 다시 던져 생각할 여지를 줍니다.

사역자: 너희는 나중에 커서 뭐 하고 싶어? 꿈이 뭐니?

학생: 돈 많이 벌고 싶어요.

사역자: 그렇구나. 그런데 왜 돈을 많이 벌고 싶은데?

학생: 돈이 많으면 내가 원하는 것을 살 수 있잖아요.

사역자: 원하는 거 뭐 사고 싶은데?

학생: 맛있는 것도 사 먹고, 최고로 비싼 노트북도 사고, 자동차도 사고….

사역자: 그다음은?

학생: 강남의 비싼 아파트도 사야지요.

사역자: 그렇구나. 그럼 너의 꿈은 결국 비싼 아파트를 사는 것이네…. 궁극적인 꿈이 아파트로 끝난다면 좀 허무하지 않니?

넷째, 예화는 사역자의 경험을 주로 사용합니다. 제일 좋은 예화는 최신 베스트셀러도 아니고, 아이돌 가수 이야기도 아니고, 사역자의 경험 예화입니다. 그중에서도 사역자가 청소년 시절에 경험한 예화가 가장 좋습니다. 공감을 얻기 쉽기 때문입니다. 학생들은 공감이 되면 설교자가 전달하고자 하는 내용을 쉽게 받아들이고 이해하게 됩니다. 이외에 다른 예화를 쓰고 싶다면 신앙의 위인들과 관련된 영상을 보여 주면 좋습니다. 우리나라에 온 선교사들의 이야기가 담긴 영상들, 주기철, 손양원 목사님의 이야기가 담긴 영상들, 우리와 동시대를 살아가는 신앙인의 이야기가 담긴 영상들을 보여 주면 청소년에게 긍정적인 자극을 줄 수 있습니다.

다섯째, 실시간 퀴즈를 냅니다. 돌발 실시간 퀴즈입니다. 실시간 퀴즈를 내서 가장 빨리 답을 맞히는 학생에겐 선물을 줍니다. 돌발 퀴즈는 학생들이 예측 가능한 시간에 내면 안 됩니다. 어느 때는 설교 도입에서, 어느 때는 설교 중간에, 어느 때는 설교 마지막에 퀴즈를 내는 것입니다. 또 어느 때는 실시간 퀴즈를 한 번만 하고, 어느 때는 두 번이나 세 번 내기도 합니다. 청소년이 예측 못 하게 실시간 퀴즈를 내면 퀴즈를 맞히기 위해서 설교 시간에 계속 집중하게 됩니다.

여섯째, 말을 빨리하도록 노력합니다. 요즘 청소년들은 유튜브를 2배속으로 보기 때문에 빠른 말에 이해도가 더 빠르고 집중을 잘합니다. 말이 느리면 집중도가 떨어지는 것을 봅니다. 사실 저는 말이 느린 사람인데, 느린 말에 집중도가 떨어지는 것을 보고 일상생활 중에 말을 빨리 하는 노력을 했습니다. 그 결과 평소에는 제 속도로 말하다가도 설교 시간만 되면 말의 속도가 2배 더 빨라집니다. 노력하면 가능합니다.

일곱째, 바른말을 사용할 뿐 아니라 설교 중에 설교자의 인격과 성품이 드러나게 합니다. 청소년 설교자 중에 학생들을 웃긴다고 상스럽거나 가벼운 욕을 하거나 축약어를 사용하는 사람이 있습니다. 학생들의 주의를 집중시키고자 하는 의도는 알겠으나, 설교는 하나님의 말씀이고 설교자는 하나님의 말씀을 대언하는 사람입니다. 그렇기에 바른말을 사용해야 하고, 설교 중에도 설교자의 바른 인격과 성품이 드러나야 합니다. 청소년 사역자는 코미디언이나 언어 마술사가 아닙니다. 학생들을 웃기려는 강박, 소위 빵 터지게 하려는 강박에서 벗어났으면 좋겠습니다. 10명 중에 10명이 "설교 정말 웃기다. 저 목사님 정말 재밌다"라고 반응하는 것이 무슨 의미가 있습니까? 10명 중에 9명이 설교 안 듣고 졸았어도 나머지 1명이 설교를 듣고 변화되는 것이 더 의미 있지 않습니까? 담대함을 가지고 청소년 사역자는 바른 설교자가 되기 위해 노력해야 합니다.

여덟째, 적절한 손짓을 사용합니다. 적절한 손짓의 사용은 다소 딱딱해질 수 있는 설교를 부드럽게 만드는 요소가 됩니다. 또한 손짓은 설교 중에 어떤 것이 중요하고 강조할 부분인지를 짚어 주는 역할을 합니다. 오른손이나 왼손만을 사용하는 경우는 중요한 부분, 강조하는 부분이고, 두 손을 동시에 사용하는 경우는 가장 중요한 부분, 가장 강조하는 부분이라고 말할 수 있습니다. 하지만 손짓을 너무 많이 사용하면 오히려 산만할 수 있고, 어느 부분이 중요하고 강조하는 부분인지를 알 수 없게 만든다는 점도 유의해야 합니다.

아홉째, 공평한 시선 처리입니다. 청소년은 아주 사소한 일로도 토라질 수 있습니다. 설교자는 전혀 의도하지 않았는데, 설교 중에 주로 왼쪽만 보았다면 오른쪽에 앉은 학생들은 '왜 우리는 안 처다보고 설교하지?' 하며 기분 나빠할 수 있습니다. 저도 예전에 왼쪽만 보고 설교하는 버릇이 있었습니다. 어느 주일에 한 학생이 와서 "목사님은 왜 우리 쪽은 안 보세요? 차별하시는 거예요?" 해서 이후로 신경 써서 시선을 골고루 주며 설교하게 되었습니다. 설교자는 자신의 설교가 유튜브에 올라가면 시선 처리를 공평하게 하는지 면밀히 체크해 볼 필요가 있습니다.

열째, 단정하면서도 편안한 복장 착용입니다. 청소년 사역자는 양복에 넥타이보다 청소년이 느끼기에 편안한 복장을 착용하는 것이 좋습니다. 교회 문화가 양복에 넥타이를 매야 하는 것이라면 어쩔 수 없겠지만, 복장을 선택할 수 있다면 단정하면서도 청소년이 느끼기에 편안한 복장이 좋습니다. 예를 들면, 단색의 칼라 티셔츠입니다. 칼라 티셔츠는 단정하게 느껴지고, 교회 목회력 색깔에 맞는 칼라 티셔츠를 선택해서 입을 수도 있기에 교육하기에도 좋습니다.

열한 번째, 설교 방법은 바꿔 가면서 하는 것이 좋습니다. 청소년은 하나의 패턴으로 고정된 것을 지겨워합니다. 삼대지법, 원포인트법, 투포인트법, 영화 설교 등 설교의 방법을 바꿀 필요가 있습니다. 그래야 청소년이 기대감을 가질 수 있고 설교 집중도가 높아집니다. 설교 방법을 번갈아 사용하다 보면 노하우와 능력도 생기게 되므로 용기를 가지고 도전해야 합니다.

열두 번째, 기대감이 생기는 설교 제목을 선정하는 것입니다. 청소년 설교에서는 제목도 매우 중요합니다. 청소년 중에는 제목만 보고 재미없다, 뻔하다 생각해서 설교를 안 듣는 경우가 있습니다. 예를 들면, '기뻐하는 신앙인'이라는 제목보다 '우리는 왜 기뻐할 수 없는가?'라는 제목이 기대감을 갖게 만듭니다. '고난을 이겨 내는 신앙인'보다는 '마냥 울고 싶을 때'가, '응답받는 기도'보다는 '내 기도는 왜 응답이 없을까?'가 좋습니다.

열세 번째, 시리즈 설교는 필요하지만 5주 연속으로 하지 않아야 합니다. 청소년 설교에서 시리즈 설교는 필요합니다. 신앙 실천 시리즈, 비전 시리즈, 삶의 변화 시리즈, 교리 시리즈 등 다양한 시리즈 설교를 만들어서 할 수 있지만, 제 경험상 5주 연속으로 한 시리즈가 계속되면 변화를 좋아하는 청소년들에겐 지겹게 느껴집니다. 따라서 시리즈 설교는 분기마다 혹은 반년에 한 번 하되 5주 연속으로 하지 않도록 기획해야 합니다.

열네 번째, 시청각 자료를 적절하게 사용해야 합니다. 청소년 설교에서 시청각 자료를 적절하게 사용하면 청소년의 집중도가 올라갈 수 있습니다. 그러나 시청각 자료를 사용할 때도 원칙이 필요합니다. 첫째 원칙은 청소년의 눈높이에 맞추어야 한다는 것입니다. PPT를 띄웠는데 글이 너무 많거나 디자인이 시대에 뒤처지면 집중도가 오히려 떨어질 수 있습니다. 마찬가지로 옛날 영상이나 화질이 나쁜 영상을 사용해도 설교 집중도가 떨어질 수 있습니다. 따라서 PPT 제작에 신경 써야 하고, PPT 제작에 자신이 없으면 청소년 임원들에게 부탁해서 도움을 받으면 좋습니다. 영상을 사용할 때도 청소년 눈높이에 맞는 영상인지 아닌지 확인하기 위해 청소년 임원들의 피드백을 받으면 좋습니다. 혹 영상 편집에 자신이 없으면 청소년 임원들의 도움을 받을 수도 있습니다. 요즘 청소년들은 스마트폰으로도 영상 편집을 잘하기 때문에 쉽게 할 수 있습니다. 둘째 원칙은 매번 시청각 자료를 사용하지는 말아야 한다는 것입니다. 매번 시청각 자료를 사용하면 청소년이 지겨워할 수 있습니다. 청소년들은 변화를 좋아한다는 점을 기억하고 시청각 자료를 적절하게 사용하기 바랍니다.

자신을 성찰해 보기

1. 나는 하나님 앞에 선 예배자로서 어떻게 예배를 준비하고
   드리고 있습니까?

   ....

   ....

2. 나는 하나님의 말씀을 학생들 눈높이에 맞게 잘 전달하기
   위해 얼마만큼의 노력을 했습니까?

   ....

   ....

3. 내가 맡은 청소년부 학생들이 하나님께 온전한 예배를 올
   려 드리기 위해서 나는 어떤 실천을 해야 합니까?

   ....

   ....

4. 청소년 전문 설교자가 되기 위해 나는 어떤 구체적인 노력
   을 하기로 결심합니까?

   ....

   ....

"

사역자와 교사가 먼저 최고의 예배자가 되는 것이

학생들에게 영적인 영향력을 끼쳐

그들 스스로가 최고의 예배자가 되도록 할 수 있습니다.

예배가 청소년 사역의 핵심이기에

예배가 살아야 청소년부가 살아날 수 있습니다.

"

3장

청소년부를 와글와글하게
하는 여러 장치

청소년 시기는 또래 공동체와의 만남과 교제를 통해서 관계성을 쌓아 나가고, 이웃과 함께하는 법을 배우는 시기입니다. 그렇기에 청소년들이 다양한 소그룹에서 다양한 교제를 해 나감으로써 관계 지향적인 사람으로 성장할 수 있도록 인도해야 합니다. 갈수록 개인주의적인 성향이 강해지는 사회이니만큼 공동체성을 강화해서 다른 사람과 함께하는 사람으로 세워 가야 합니다.

교제 중에 이뤄지는 것이 이야기 나눔입니다. 이야기를 통해 생활의 나눔, 말씀과 신앙의 나눔, 감정의 나눔이 이루어집니다. 청소년들은 자신의 학교생활, 학원 생활, 가정생활 등을 나누면서 고민과 걱정, 관심사를 털어놓고 서로 위로하고 조언하며 답을 찾아갈 수 있습니다. 또한 은혜받은 말씀과 자신의 신앙 이야기를 나누면서 공동체 안에서 신앙이 성장하고 성숙해 갈 수 있습니다. 이야기 나눔은 다양한 감정을 공감하고 수용하는 훈련으로 자연스럽게 나아갑니다. 그리고 레크리에이션과 같이 함께하는 활동을 통해서 역동적인 교제가 이루어질 수 있습니다.

다양한 소그룹이 청소년부를 살린다

청소년은 자신과 공통성이 있는 또래 공동체를 원합니다. 학교가 같거나, 취미가 비슷하거나, 거주하는 지역이 비슷하거나, 좋아하는 게임이 비슷하거나, 교회 안의 봉사 부서가 같거나, 어떤 식으로든 공통분모가 있는 또래 집단에 속하고 싶어 합니다. 이는 자칫 '끼리끼리' 문화로 흐를 수 있기 때문에 공통성이 여러 가지로 겹치는 공동체를 만들 필요가 있습니다. 소그룹 공동체를 여럿 만들되 한 학생이 여러 공동체에 동시에 참여할 수 있도록 해야 하는 것입니다. 그렇게 하려면 기존의 공과반 중심의 공동체 구성에서 과감한 변화를 시도해야 합니다. 공과반 공동체 외에 같은 취미로 모인 취미반 공동체, 같은 학교 학생으로 모인 학교 공동체, 거주 지역이 비슷한 학생들로 모인 지역별 공동체 등이 그것입니다. 또한 이들 공동체에 정기적으로 참여하는 시스템을 만들어 운영해야 합니다. 가령 다음과 같습니다.

첫째, 셋째 주: 담임교사가 주도하는 일반적인 공과반 공동체에 참여합니다.

둘째 주: 취미반 공동체에 참여합니다. 그런데 취미반 공동체를 만들려면 지도 교사가 따로 필요합니다. 이때 가장 쉬운 방법이 청소년부 교사들의 취미를 조사해서 그 취미별로 반을 만들고 지도 교사로 세우는 것입니다. 탁구가 취미인 교사는 탁구반을 만들어 지도 교사를 하면 되고, 풋살이 취미인 교사는 풋살반을 만들어 지도 교사를 하면 됩니다. 영어 회화 공부가 취미인 교사는 영어 회화반을 만들어 지도 교사를 하면 되고, 영상 촬영 및 편집이 취미인 교사는 영상반을 만들어 지도 교사를 하면 됩니다. 이렇게 취미반을 만들고 지도 교사를 배치했으면 오픈해서 학생들을 모집합니다.

넷째 주: 학교 공동체에 참여합니다. 같은 학교에 다니는 학생들끼리 만나는 것입니다. 그 안에서 리더를 선발하고 그 학생이 주도해서 모임을 이끌게 합니다. 이때 학교 안에서도 예배 모임, 교제 모임이 만들어질 수 있도록 활동 계획을 세우고, 학교별 공동체성을 강화할 수 있도록 합니다.

다섯째 주:

(1) 같은 학년 전체 공동체에 참여합니다. 출석 인원이 많아서 한 학년에 공과반이 몇 개 되는 교회는 같은 학년 전체가 만나는 시간을 가지면 좋습니다.

(2) 학년 통합 공동체에 참여합니다. 한 학년에 공과반이 하나인 교회는 학년을 섞어 조를 짜서 만나게 합니다. 이것은 선후배를 포함한 다양한 또래를 만날 수 있는 좋은 방법입니다.

> * 다섯째 주에는 교사가 주도하지 않고 학생 자치로 진행하면 좋습니다. 같은 학년 전체 공동체 모임으로 진행한다면 학년장, 부학년장을 선출해서 그들이 테마를 가지고 진행하게 하면 되고, 선후배가 섞인 학년 통합 공동체 모임으로 진행한다면 선배를 리더로 세워서 진행하게 하면 됩니다.

기타: 교회 안에서 같은 봉사를 하는 학생들끼리는 봉사 준비하는 시간에 만나면 되고, 교회 밖에서 봉사하고 싶은 학생들끼리는 주중에 만나게 하면 됩니다. 거주하는 지역이 비슷한 학생들끼리는 교회 올 때와 집에 돌아갈 때 함께하는 공동체로 묶어 주면 됩니다.

임원들을 많이 세워라

청소년 사역의 중요한 핵심은 바로 임원들을 다양하게 세우고 그들이 책임감을 가지고 주도하게 하는 것입니다. 우선 전체 학생 임원(회장, 부회장, 총무 등)을 세우고, 같은 학년 전체 공동체를 대표하고 이끌 학년장, 부학년장을 세울 수 있습니다. 그리고 학년 통합 공동체 조모임을 이끌 조장, 부조장을 세울 수 있습니다. 이밖에도 취미반 지도 교사와 함께할 취미반장을 세울 수 있고, 학교 공동체 임원도 세울 수 있습니다.

청소년들은 겉으로는 굉장히 소극적으로 보여도 막상 역할이 주어지면 주인의식을 가지고 능동적으로 임합니다. 그러므로 여러 부분에서 리더를 세우고 책임감을 부여하여 주인의식을 갖게 하는 것이 필요합니다.

전체 임원들끼리도 모여서 교제하고, 영역별 임원들끼리도 모여서 교제하고, 임원과 교사들도 함께 만나서 교제할 수 있어야 합니다. 임원들끼리 교제하는 중요한 목적은 친밀감을 쌓기 위함이지만, 좀 더 적극적인 목적은 함께 사역을 진행하고 청소년부를 세워 가는 것입니다. 교사는 임원들을 존중하고 그들을 청소년 사역의 동반자로 세울 수 있어야 합니다. 예배 순서(사회, 대표기도, 헌금위원, 헌금특송, 헌금기도, 광고 등)를 청소년들이 주도하여 세팅하도록 하고, 교사와 사역자는 그들을 돕는 역할을 하면 좋습니다. 청소년부 행사나 프로그램 진행에서도 임원들이 주도적으로 기획하고 준비하고 진행할 수 있는 문화를 조성해야 합니다.

청소년부 임원들은 사역자, 교사들과 청소년들을 연결하는 교량 역할을 해야 합니다. 이를 위해 한 달에 한 번 정도 청소년부 교사회의 시간에 임원들이 참여해 청소년들의 의견과 생각을 대변해서 교사들에게 전달해 줄 수 있어야 합니다.

저는 청소년부에서 사역할 때 한 달에 한 번은 임원들의 의견과 이야기를 듣는 시간을 가졌고, 그것을 정리해서 청소년들의 눈높이를 어떻게 맞출 것인지 교사들과 구체적으로 고민하고 나누는 시간을 가졌습니다. 수련회도 기획 단계부터 임원들이 교사 회의에 들어오게 했고, 임원들과 함께 기획하고 준비했습니다. 그 결과 청소년들의 만족도가 늘 높았습니다.

저는 청소년부 수련회, 프로그램을 마치고 나서는 참여한 청소년들의 피드백을 꼭 들었습니다. 그리고 다음번 프로그램에 반영해서 청소년들의 만족도를 높이는 데 최선을 다했습니다.

청소년에게
간증 자리를 제공하라

청소년들이 예배 시간에 간증을 통해서 자신의 신앙과 삶을 나눌 수 있습니다. 청소년들은 어른들의 이야기는 잘 듣지 않으려는 경향이 있지만, 또래 학생들의 이야기는 잘 듣습니다. 공감이 되기 때문이고, 자신의 이야기가 될 수도 있기 때문입니다. 그래서 예배 시간에 청소년들을 간증자로 세우면 매우 의미 있는 신앙의 교제를 만들 수 있습니다. 이때 간증자로 서게 될 청소년에게 알아서 하라고 맡기면 안 됩니다. 너무 장황하게 늘어놓거나 핵심 내용이 빠진 간증을 할 수 있기 때문에, 사역자가 그 학생이 자신의 삶과 신앙을 나눌 수 있도록 지도해야 합니다. 먼저 기도하면서 간증을 준비할 수 있도록 인도하고, 간증문을 쓰면 반드시 검토해서 수정이 필요한 부분을 거치게 합니다.

간증자를 세우는 가장 좋은 방법은 자원자를 받는 것입니다. 자원자가 없으면 임원이 먼저 시작합니다. 또 다른 방법은 매월 공과반별로 돌아가면서 헌신예배를 하게 해서 그 반에서 간증자를 세우는 것입니다.

저는 공과반별로 돌아가며 헌신예배를 드리고 간증자를 세웠습니다. '학생들이 간증을 잘할까?', '학생들이 간증을 집중해서 들을까?' 처음에는 걱정이 많았으나, 의외로 학생들이 간증을 진솔하게 잘했습니다. 청소년은 처음에는 무조건 못하겠다고 빼지만 막상 책임이 주어지면 최선을 다합니다. 청소년의 순수한 열정에 감동받을 때가 참 많습니다. 회중석에 앉아 있는 또래 학생들도 정말 열심히 간증을 듣습니다.

간증은 신앙의 나눔, 삶의 나눔이 진솔하게 이루어지는 중요한 장이자, 하나님의 놀라운 은혜와 인도하심을 경험하는 장입니다.

고난 나눔이 아닌
감사 나눔으로

요즘 우리 청소년들 중에는 불평이 습관이 되어 버린 아이들이 많습니다. 표정에서도 불평이, 말에서도 불평이 묻어 나옵니다. 물론 똑같이 반복되는 일상에서 공부에 시달리다 보니 그럴 수 있습니다. 그러나 불평은 신앙에 좋은 영향을 끼칠 수 없습니다. 성경은 불평이 아니라 감사하라고 말씀합니다.

"범사에 감사하라 이것이 그리스도 예수 안에서 너희를
향하신 하나님의 뜻이니라"(살전 5:18).

"아무것도 염려하지 말고 다만 모든 일에 기도와 간구
로, 너희 구할 것을 감사함으로 하나님께 아뢰라"(빌 4:6).

공동체 안에서 나눔을 할 때도 삶 속에서 하나님이 베풀어 주신 은혜를 생각하고 감사하는 나눔을 하면 하나님이 기뻐하시는 나눔과 교제가 될 것이라고 확신합니다. 제가 청소년들과 소그룹 안에서 나눔을 해 보면, 고난의 나눔이 많이 나옵니다. 성적이 안 나와서 스트레스 받는 이야기, 공부하느라 정신적으로 힘든 이야기, 부모님과 갈등하면서 짜증내는 이야기, 마음이 안 맞는 친구 때문에 힘겨워하는 이야기, 미래에 대한 막막함과

무기력증 등 각자 고민되고 갈등되는 이야기가 많습니다. 이런 이야기를 나누는 것만으로도 공감과 위로가 될 수 있습니다. 그러나 하나님이 청소년들의 삶 속에서 역사하시고, 은혜를 베푸신 내용을 나눌 때 더 큰 회복이 일어날 것이라고 믿습니다. 학교생활 중에, 학원 생활 중에, 가정생활 중에, 교회 생활 중에 하나님이 베풀어 주신 은혜를 생각하고 나누는 것입니다.

저는 어느 교회에서 사역하든지 소그룹 공동체 안에서 감사 나눔을 했습니다. 처음에는 나눔이 원활하게 되지 않았습니다. "뭘 나눠야 하는데요? 딱히 감사한 게 없는데요"라고 말하는 청소년들도 있었습니다. 그러나 감사 나눔이 문화로 정착되면 청소년들 내면이 긍정으로 바뀌게 됩니다. 얼굴도 밝아집니다. 삶이 더 적극적으로 변합니다. 감사의 조건이 더 많아집니다. 시도해 보십시오. 정말 생각지도 못한 은혜를 하나님이 베풀어 주십니다.

제가 한 교회에서 이 감사 나눔을 3개월쯤 했을 때 청소년들의 입술에서 이런 감사의 고백이 나왔습니다. "지난주에 시험 성적이 나왔는데 열심히 공부한 것에 비해 성적이 잘 나오지 않았습니다. 그럼에도 불구하고 더 열심히 해야겠다는 마음을 주신 하나님께 감사드립니다.", "제가 요즘 컨디션이 좋지 않아서 힘들어하고 있는데, 그래도 학교 다닐 수 있도록 건강을 주시니 하나님의 은혜에 감사드립니다.", "제가 요즘 해야 하는 공부가 많아서 스트레스를 받는데, 그래도 공부할 수 있는 기회를 주신 하나님께 감사드립니다." 청소년들의 입술에서 '그럼에도 불구하고'의 감사가 흘러나온 것입니다.

'그럼에도 불구하고'의 감사가 진짜 감사입니다. 언제나, 어느 때나 감사할 수 있는 것이 진짜 감사입니다. 감사 나눔을 통해 진짜 감사를 할 수 있게 되고, 하나님이 기뻐하시는 청소년들로 성장해 갈 수 있습니다.

웃음 회복 미션,
레크리에이션 나눔

가장 많은 교제 방법이 이야기 나눔이지만, 즐거운 레크리에이션을 통해서도 교제가 이루어집니다. 청소년 수련회에는 반드시 레크리에이션 시간이 포함됩니다. 청소년들이 좋아하기 때문입니다. 요즘 청소년들은 온라인 게임에 익숙해 있어서 함께 몸을 부딪치며 활동하는 경험이 많지 않습니다. 학업으로도 바빠서 친구들과 어울려 노는 시간이 턱없이 부족합니다. 그래서 수련회에서 경험하는 레크리에이션 시간이 중요합니다. 게임 요소가 들어가기 때문에 아이들이 즐거워합니다. 몸을 움직이는 동적인 것과 정적인 것이 레크리에이션 안에 다 포함되어 있어서 다양한 미션을 수행하면서 도전의 기쁨을 경험할 수 있습니다. 무엇보다 중요한 것은 또래 공동체가 함께 참여하고 협력하는 가운데 친밀감이 생기고, 교제가 이루어진다는 것입니다.

이렇게 좋은 교제의 방법인 레크리에이션을 주일예배 후에 자연스럽게 진행하면 좋습니다. 레크리에이션은 종류가 정말 다양합니다. 기존에 알고 있던 레크리에이션을 해도 되고, 사역자와 교사가 머리를 맞대고 새롭게 만들어도 좋습니다. 동적인 레크리에이션과 정적인 레크리에이션을 섞어서 하면 더 즐겁고 다채로운 교제가 이루어질 수 있습니다.

동적인 레크리에이션의 예에는 줄다리기, 신문지 위에 올라가기(처음엔 신문지를 펼쳐서 올랐다가 반으로 접어 오르고 또다시 반으로 접어 올라가는 식으로 면적을 좁혀 많은 사람이 올라가는 게임), 몸으로 말해요(제시어를 사회자에게서 받으면 말을 하지 않고 몸으로 동작해서 옆 사람에게 표현하고, 맨 마지막 사람이 제시어가 무엇인지를 맞히는 게임), 2인 3각 이어달리기(두 사람이 서서 발목에 끈을 묶고 달려서 반환점을 돌고 오면 다음 두 사람이 같은 미션을 수행하는 게임), 탁구공 전달하기(작은 플라스틱 수저를 물고 탁구공을 다음 사람에게 전달하는 게임) 등이 있습니다.

정적인 레크리에이션의 예에는 시중에 나와 있는 다양한 보드게임, 마피아 게임, 퀴즈 형태의 게임(초성 게임, 성경 퀴즈, 난센스 퀴즈, 확대한 그림이 무엇인지 맞히기, 스피드 퀴즈 등), 노래 첫 음절 듣고 맞히기 등이 있습니다. 다양한 레크리에이션을 통해 청소년들이 서로 더 친밀해지고, 웃음을 회복하면 좋겠습니다.

서프라이즈 감동 심방

청소년 사역자가 주중에 청소년들과 교제하기 위해 필요한 것이 바로 심방입니다. 청소년 사역에서 심방은 필수입니다. 그러나 심방의 방법이 성인 대상의 심방과는 달라야 합니다. 집을 찾아간다든지 어느 특정 장소에서 만나는 심방이 아닙니다. 청소년들의 눈높이에 맞는 심방이 이루어져야 하는데, 이때 반드시 기억할 키워드가 바로 '감동'입니다. 청소년들을 심방하는 이유는 그들에게 감동을 주기 위해서입니다.

심방 간다고 하면 대개 결석한 학생들이 그 대상자일 때가 많습니다. 물론 결석자 대상으로 심방을 해야 합니다. 하지만 결석자 대상의 심방은 학생들에게 감동을 주기 어렵습니다. 예를 들어, 3주간 결석한 학생을 심방하겠다며 학교 앞에 간다고 해봅시다. 교문 밖으로 나오다가 사역자를 만나면 그 학생이 반가워할까요? 오히려 고개 푹 숙이고 민망해하면서 "목사님(전도사님) 교회 빠져서 죄송해요. 다음 주에는 교회 갈게요"라고 말할 것입니다.

그래서 청소년 심방은 결석자는 물론 일상 심방도 이루어져야 합니다. 예측 가능한 선물은 덜 감동적입니다. 예기치 못한 선물이라야 훨씬 감동을 합니다. 일상 심방은 예기치 못한 상황에서 받는 선물과 같습니다. 주일에 교회에 잘 나오는 학생이 학교 앞에서 그를 기다리고 있는 사역자를 만나면 얼마나 기쁘겠습니까? "목사님(전도사님) 어쩐 일이세요?" 할 때 "너 만나러 왔지~" 하면 예기치 못한 선물을 받는 것처럼 큰 감동을 받을 것입니다.

'감동'이라는 키워드를 생각할 때, 청소년 심방의 방법은 청소년들의 이동 장소와 시간에 나타나는 것입니다. 즉 청소년들이 사역자를 만나기 위해 따로 시간을 내 어느 장소로 이동하는 것이 아니라, 사역자가 따로 시간을 내 청소년이 있는 장소를 찾아가는 것입니다. 이를 위해 사역자는 사전에 학생의 동선을 부모를 통해 확인할 필요가 있습니다.

학교에서 학원으로 이동해야 한다면 하교시간에 학교 앞에 가서 학생을 기다리는 것입니다. 그렇게 만나면 학원까지 같이 가면서 이야기를 나눌 수 있습니다. 학원에 도착하면 인사하고 바로 학원에 올려 보냅니다. 이렇게 하면 청소년들의 시간을 뺏지 않으면서 자연스럽게 만날 수 있고, 학생은 예기치 못한 선물을 받는 시간이 됩니다. 학원에서 집으로 귀가하는 시간을 심방 시간으로 잡을 수도 있습니다. 귀가 시간에 부모님이 학생을 기다린다면 미리 부모와 조율할 필요가 있습니다. 학생이 학원을 마치고 나오는데 사역자가 기다리고 있으면 예기치 못한 선물을 받은 것 같은 감동이 있을 것입니다. 사역자는 학생을 자기 차에 태우고 집까지 바래다주면서 이야기를 나눌 수 있습니다.

심방 중에는 골치 아픈 이야기 대신 위로하고 축복하고 힘내라는 이야기를 하면 좋습니다. "요즘 공부하느라 힘들지? 학교 생활 하는 데 힘든 거 없니? 힘내! 응원할게~ 하나님은 너를 진심으로 사랑하는 거 알지? 축복해!" 그리고 학생과 헤어질 때 작은 선물이나 간식을 주면 더 큰 감동이 될 것입니다. "햄버거 세트 포장해 왔으니까 이따가 먹으렴. 파이팅!" 청소년에게 감동을 주는 심방을 구체적으로 실천해 보기 바랍니다.

온라인에서
청소년들을 만나라

청소년들과 교제하는 전통적인 방법은 대면 만남이지만, 온라인으로 만나는 것도 시도할 필요가 있습니다. 요즘 청소년에게 가장 중요한 물건은 아마도 스마트폰이 아닐까 합니다. 청소년은 스마트폰을 통해 온라인 세계 안에서 살아가고 있습니다. 온라인에서 친구도 만나고, 온라인에서 수업도 듣고, 온라인에서 아이돌 영상도 보고, 온라인에서 게임도 하고, 온라인에서 다양한 소통을 합니다. 따라서 현장에서 만나서 교제하는 것도 필요하지만, 온라인에서 만나서 교제하는 노력도 필요합니다.

온라인에서 청소년을 만나기 위해서는 청소년들이 주로 사용하는 온라인 플랫폼을 잘 알고 청소년 사역자도 익숙하게 사용할 줄 알아야 합니다. 온라인 플랫폼은 시대에 따라서 바뀌는 트렌디한 특성을 가지고 있습니다. 기술이 계속 발전하기 때문에 온라인 플랫폼은 계속 업데이트된 버전이 나옵니다. 따라서 청소년 사역자는 청소년들이 선호하고 주로 사용하는 온라인 플랫폼을 잘 이용하고, 사역에 활용할 수 있는 노하우를 가지고 있어야 합니다. 대면은 부담스러워하고, 온라인은 편하게 생각하는 청소년들이 꽤 많습니다. 직접 만나면 한마디도 안 하는 청소년이 온라인에서는 적극적으로 자기 의사를 표현하고 활동하는 경우도 많습니다. 이런 청소년들에게는 온라인을 적극 활용하면 좋습니다.

제가 현장에서 청소년 사역할 때 '버디버디'라는 온라인 메신저 플랫폼이 유행한 적이 있었습니다. '버디버디'로 청소년들이 하도 말을 많이 걸어서 쉬는 시간만 되면 답변해 주던 기억이 납니다. '버디버디'에서는 그토록 활달하던 친구가 막상 교회에서 만나면 한마디도 하지 않아서 신기했던 기억도 있습니다.

'싸이월드'가 온라인 플랫폼으로 유행하던 때는 싸이월드에서 돈처럼 사용할 수 있는 '도토리'를 학생들에게 선물했습니다. 또한 학생들의 싸이월드 홈페이지를 방문해 그들이 주중에 어떻게 사는지를 살펴보는가 하면 메시지를 보내 온라인 심방을 했습니다.

'페이스북'이 유행했을 때는 우리 교회 학생들의 페이스북을 찾아 친구 신청하고, 사진이나 글에 '좋아요' 버튼을 누르고, 저도 페이스북에 사진을 올리려고 애를 썼습니다.

요즘은 카카오톡, 인스타그램, 틱톡, 유튜브, 줌 등 플랫폼들이 다양합니다. 청소년들이 사용하는 온라인 플랫폼의 특징을 알고, 사역에 어떻게 구체적으로 활용할 수 있을지를 찾아야 합니다. 먼저 카카오톡은 기본적으로 문자 소통이 가능하고 보이스톡으로도 소통이 가능합니다. 이외에도 페이스톡으로 얼굴을 보면서 소통할 수 있고, 바로 이야기를 전달할 수 있는 라이브톡 기능도 있습니다. 더욱이 청소년들이 매우 좋아하는 이모티콘을 활용해 대화할 수 있습니다. 카카오톡의 다양한 기능을 활용하면서 사역에 적용할 수 있으면 좋겠습니다. 카카오톡 그룹 채팅을 통해서 주중 묵상 모임(매일 사역자가 성경 구절을 올리고 한 문장으로 묵상 내용 올리기), 성경 읽기 모임(하루에 읽을 성경의 내용을 올리기) 등을 진행할 수 있습니다.

이외에도 제가 활용한 사역의 좋은 예가 있는데 바로 '화살기도모임'입니다. '화살기도'란 순간순간 기도 제목이 떠오르면 바로바로 기도하는 것을 말합니다. 청소년들이 주중에 순간순간 떠오른 기도 제목을 '화살기도모임' 카카오톡 그룹 채팅에 올리면, 그 기도 제목을 본 학생들은 어디에 있든지 30초간 그것을 두고 중보기도를 하는 것입니다. "버스가 오지 않아서 학원 시간이 늦게 생겼습니다. 버스 빨리 오게 해 달라고 기도해 주세요!", "학교에서 공부하는데 갑자기 배가 아파요. 아프지 않도록 기도해 주세요", "독서실에서 공부하는데 집중이 안 되니 저를 위해 기도해 주세요" 등 정말 다양한 기도 제목이 올라옵니다. '화살기도모임'은 기도 훈련으로도 좋고, 주중에도 함께 있다는 느낌이 들어서 사역자와 학생들 간에 친밀감이 형성됩니다.

다음으로 페이스북 그룹이 있습니다. 페이스북 그룹은 설교, 강의를 바로 라이브로 올릴 수 있고, 영상이나 글, 사진, 다양한 자료들을 올릴 수 있는 특징이 있습니다. 페이스북 그룹을 사역에 활용하면 주중에 시간을 정해 청소년들과 만날 수 있습니다. 사역자가 라이브로 신앙 교육을 하거나 말씀 묵상을 서로 올리면서 교제를 하는 것입니다.

유튜브는 영상을 볼 수 있고 댓글을 남기면서 참여할 수 있는 특징이 있습니다. 유튜브를 사역에 활용하는 예는 사역자가 좋은 영상, 의미 있는 영상, 신앙 교육적인 영상을 주중에 청소년들에게 보내 주는 것입니다. 또한 유튜브 라이브를 이용해서 주중에 약속된 시간에 신앙 교육을 하고 청소년들은 댓글을 달면서 참여할 수 있습니다.

교육에서 많이 활용하는 줌은 서로 얼굴을 보면서 실시간 쌍방향 소통이 가능하다는 특징이 있고, 줌 안에서 소그룹으로 나누어서 진행할 수도 있기에 소그룹 교육, 집단 상담, 심지어 일대일 상담과 대화가 가능합니다. 줌을 사역에 활용하면 주중 신앙 교육, 말씀 묵상 나눔, 신앙적 대화, 신앙 상담 등 대면으로 할 수 있는 모든 것을 할 수 있습니다.

이밖에 인스타그램은 청소년들이 가장 선호하는 온라인 소통 플랫폼으로 사진과 메시지, 짧은 영상을 주로 올릴 수 있는 특징이 있습니다. 인스타그램을 사역에 활용하는 방법은 주중 심방을 예로 들 수 있습니다. 청소년들의 인스타에 가서 방문했다는 표시를 하든지, DM(Direct Message)을 보내든지 하는 것입니다. 그리고 사역자는 의미 있는 사진, 묵상 말씀이 담긴 사진을 올릴 수 있고, 임팩트 있는 짧은 말씀이 담긴 영상을 올려서 청소년들이 보게 할 수도 있습니다.

틱톡은 재미있는 짧은 영상을 올릴 수 있는 특징이 있는데, 의미 있고, 재미있고, 신앙적이고, 통찰력 있는 메시지가 담긴 짧은 영상을 제작하든지 찾아서 올릴 수 있습니다.

청소년들은 변화를 좋아하고 선호하는 온라인 플랫폼도 다양해서 사역자는 한 가지 플랫폼만 사용할 게 아니라 다양한 플랫폼을 사용할 필요가 있습니다. 더욱이 플랫폼마다 강점이 조금씩 다르기에 용도에 맞게 다양한 플랫폼을 활용할 필요가 있습니다. 예를 들면, 설교와 강의는 페이스북 그룹이나 유튜브로 진행하고, 대화 나눔, 토론 등은 줌을 활용하고, 말씀 묵상 나눔은 카카오톡 그룹 채팅을 사용하는 것입니다.

이러한 일반적인 온라인 플랫폼 외에도 최근에 유행하는 메타버스 플랫폼도 사역에 적절히 활용할 필요가 있습니다. 메타버스는 가상공간을 구현하고, 아바타를 사용하는 특징을 가지고 있기 때문에 가상공간을 신앙 교제 공간으로 꾸미고 아바타를 통해 청소년들과 약속된 시간에 만나서 대화하고 교제할 수 있습니다.

온라인 플랫폼은 발전과 변신을 거듭 꾀하고 있습니다. 사역자가 한 가지 플랫폼을 익숙하게 사용하는 데도 시간이 걸리고, 그것을 사역에 활용하기 위해 고민하는 데도 시간이 걸립니다. 하지만 그러는 동안 또 다른 플랫폼이 유행하게 됩니다. 그래서 사역자에게는 온라인을 선용하는 지혜가 필요하고, 온라인 플랫폼을 빨리 익히고 사역에 활용해 현장에 적용하는 능력이 요구됩니다.

자신을 성찰해 보기

1. 나는 청소년 사역에서 얼마만큼 교제를 강조하고 있으며 청소년부 공동체성을 강화하기 위해 노력합니까?

2. 나는 청소년 사역을 하면서 청소년들과 함께 협력하기 위해 어떤 실천을 했습니까?

3. 나는 얼마만큼 시간 투자를 하여 청소년들을 찾아가고 만나는 노력을 합니까?

4. 청소년부 안에서 교제를 강조하며 공동체를 탄탄하게 세워 가기 위해 구체적으로 실천할 사항은 무엇입니까?

"

청소년들이 다양한 소그룹에서
다양한 교제를 해 나감으로써 관계 지향적인 사람으로
성장할 수 있도록 인도해야 합니다.
은혜받은 말씀과 자신의 신앙 이야기를 나누면서
공동체 안에서 신앙이 성장하고 성숙해 갈 수 있습니다.

"

4장

청소년 눈높이 교육법
16가지

청소년 사역자는 학생들에게 교육을 해야 하는 사명이 있고, 또 역할을 해야 합니다. 그렇기에 청소년 사역자는 교육 전문가여야 합니다. 청소년 사역자는 때로 공과에 들어가서 청소년들을 교육합니다. 때로 성경공부 시간을 만들어서 청소년들을 교육합니다. 때로 새신자반에 들어가서 교육하고 때로 제자훈련과 같은 특별 교육 프로그램을 만들어서 교육합니다. 교육 전문가라 함은 전달하는 교육 내용에 대한 전문적인 지식과 통찰을 가진 자라는 뜻이고, 가르치는 방법에 있어서 전문성을 가지고 있다는 말입니다.

교육에서 중요한 두 가지 요소는 바로 교육 내용과 교육 방법입니다. 과거에는 교육 내용이 교육 방법보다 중요했습니다. 어떤 내용을 전달하느냐가 어떻게 전달하느냐보다 중요했습니다. 이것을 비유로 들면, 우리가 집에서 먹는 된장을 교육 내용으로, 된장을 담는 그릇을 교육 방법으로 비유할 수 있습니다. 된장이 중요합니까, 된장 담는 그릇이 중요합니까? 과거의 교육에서는 된장이라는 내용 자체가 중요했습니다. 된장을 어느 그릇에 담느냐는 그다지 중요하지 않았습니다.

그러나 시대가 변해서 요즘에는 교육 방법이 교육 내용보다 중요합니다. 아무리 교육 내용이 좋아도 교육 방법에서 흥미를 유발하지 못하고 집중시키지 못하면 아무 의미가 없다고 요즘 청소년들은 생각합니다. 예를 들면 된장보다 된장을 담는 그릇이 더 중요하다는 것입니다. 그런데 실제로 된장을 담는 그릇에 따라 된장의 맛이 달라진다는 연구 결과가 있습니다. 된장을 플라스틱 그릇에 담는지, 놋그릇에 담는지, 유리그릇에 담는지에 따라 조금씩 된장 맛이 달라진다는 것입니다. 한마디로 그릇이 맛에 영향을 주고, 과장해서 말하면 맛을 결정한다는 것입니다. 따라서 이제는 내용을 담는 그릇이 얼마나 중요한지를 깨달아야 합니다. 즉 교육 내용을 담는 그릇인 교육 방법이 얼마나 중요한지를 깨닫고, 청소년들의 눈높이에 맞는 교육 방법을 사용하기 위해 노력해야 합니다.

실제로 청소년들은 아무리 좋은 내용을 가르쳐도 잠을 자거나 딴짓하거나 아예 들으려 하지 않습니다. 왜냐면 전달하는 방법이 너무 올드하거나 재미없거나 청소년들의 눈높이에 맞지 않기 때문입니다. 청소년들은 처음에 5분, 빠르면 3분 정도 듣다가 자신들의 눈높이와 다르면 바로 듣는 것을 포기하고 잠을 자거나 딴짓을 합니다. 그러므로 청소년 사역자라면 교육 방법에 대한 전문성을 가지고 청소년들의 눈높이를 맞추기 위해 부단히 노력해야 합니다.

반응이 있는 교육 방법을
사용하라

청소년들의 눈높이에 맞는 교육 방법이란 무엇일까요? 과연 '이거다'라고 할 만한 교육 방법이 있을까요? 저는 찾지 못했습니다. 물론 어느 교육 방법을 사용하면 청소년들이 많이 반응하고, 어느 교육 방법을 사용하면 반응이 덜하다는 정도는 찾을 수 있습니다. 그러나 다양한 부류의 청소년들의 반응과 호응을 이끌어 낼 수 있는 한 가지 교육 방법은 없다는 것이 지금까지 수많은 청소년들을 가르쳐 보고 내린 저의 결론입니다.

청소년들의 눈높이를 맞춘 교육 방법은 한 가지만 존재하는 것이 아닙니다. 상황에 따라, 교육 내용에 따라 다양한 교육 방법을 사용해야 합니다. 그래서 교육 방법에 대한 공부를 해야 하고, 이론적으로 아는 교육 방법이 아닌, 실제 사역에서 적용할 수 있는 교육 방법을 습득해야 합니다. 또한 이것들에 자신만의 것을 가미해서 현장 지향적인 교육 방법으로 만들 수 있어야 합니다.

1. 도입부 시간을 가져라

청소년들을 교육할 때는 바로 교육 내용으로 들어가지 말고 도입부 시간을 갖는 것이 중요합니다. 도입부에는 일상적인 이야기, 이슈가 되는 이야기 등을 하는 것이 좋습니다. "요즘 중간고사 기간인데, 공부하느라 많이 힘들지? 목사님도 학창 시절 시험 기간에 긴장해서 배가 많이 아팠던 기억이 나. 다음 주면 중간고사 끝나니까 그때 놀 거 생각하며 힘내자!", "요즘 아이돌 가수 OO가 전국 투어 공연을 하는데 외국에서도 그렇게 많이 온대. 너희 중에도 콘서트 다녀온 사람 있니?" 도입부를 갖고 나서 교육 내용으로 들어가야 자연스럽게 교육을 시작할 수 있고, 청소년들도 마음 문을 열고 교육에 참여하게 됩니다.

2. 요약, 정리 및 결론을 내라

청소년들은 집중도가 금방 떨어집니다. 그렇게 꾸역꾸역 교육을 마치고 나서 학생들한테 "오늘 뭐 배웠어?" 물어보면 모른다고 할 때가 많습니다. 그래서 청소년들을 교육하고 나면 반드시 배운 내용을 요약하고 정리하고 결론을 내는 시간을 가져야 합니다. 예를 들어, 30분 교육을 한다면 25분은 교육하는 시간으로, 5분은 요약, 정리 및 결론을 내는 시간으로 배분하는 것입니다. 그러면 청소년들은 오늘 배운 내용을 생각해 보는 시간을 가질 뿐 아니라 이제 마치는 시간이겠거니 하면서 집중하게 됩니다. 요약, 정리 및 결론을 내는 시간에 퀴즈를 내는 것도 좋은 방법입니다.

3. 주의 환기를 시켜라

청소년들이 옆 친구랑 잡담하거나 졸 때에는 교육을 계속 이끌고 나가기보다 주의 환기를 시키는 동작을 할 필요가 있습니다. 제가 가장 잘 사용한 방법이 '박수 같이 치기'입니다. '짝짝~ 짝짝짝~ 짝짝짝짝~ 짝짝짝짝짝', '짝짝짝짝짝짝~ 짝~ 짝짝', '짝짝짝~ 짝짝짝~ 짝짝짝~ 짝짝짝짝짝'과 같이 새로운 박수 몇 개를 만들어서 연습시킨 뒤 집중도가 떨어질 때 "박수 1번, 2번, 3번 시작!" 해서 집중도를 다시 올리는 것입니다. 이외에도 옆 친구와 함께 박수 치기라든지, '와~ 와~ 와와와', '이~ 이~ 이이이', '차~ 차~ 차차차'와 같이 한 단어를 가지고 크게 외치기를 하면 집중도를 다시 모으기 좋습니다.

4. 선물을 주라

집중도를 높이는 가장 좋은 방법은 뭐니뭐니 해도 선물입니다. 교육 중에 선물은 주되 언제 줄지는 모르게 하는 게 포인트입니다. 그러면 청소년들은 그 선물을 받기 위해 집중하여 교육에 참여하게 됩니다. 처음에만 선물을 주면 이벤트가 끝나서 기대감이 없게 되고, 마지막에만 선물을 주면 뒷부분만 잘 듣기 때문에 교육 중간중간에 아무 때나 선물을 주어야 합니다. 그러나 결코 자주 주라는 의미가 아닙니다. 선물을 적절히 주는 것은 집중도를 높이는 데 도움이 되지만, 너무 자주 주는 것은 선물받기 위해 교육에 참여하는 것이 되기 때문에 교육의 순수성을 해칠 수 있습니다. 선물을 한두 개만 주더라도 언제 줄지 모르게 주라는 의미입니다. 카카오톡 아이스크림 기프티콘이나 이모티콘을 선물로 주면 학생들이 정말 좋아합니다.

구체적인 교육 방법 1: 강의법

강의법은 가장 오래된 교육 방법이자 기본적이고 전통적인 교육 방법입니다. 사역자들이 청소년들을 가르칠 때 가장 많이 사용하는 방법이 바로 강의법일 것입니다. 강의법은 매우 효율적이고 기본적인 교육 방법으로 사역 현장에서 많이 사용해야 하나, 문제는 시도 때도 없이 강의법을 사용한다는 데 있습니다. 강의법은 정보나 지식을 전달할 때 효과적입니다. 성경에는 지식과 정보를 전달해야 하는 내용들이 있습니다. 성경 본문의 배경, 역사, 상황, 등장인물, 어려운 단어나 핵심 단어 등은 지식과 정보를 전달해야 하는 내용입니다.

사역자는 아는 지식과 정보이지만, 청소년들은 모르는 지식과 정보일 때 강의법이 효과적입니다. 만약 청소년도 아는 지식과 정보라면 학생들은 절대 듣지 않습니다. 따라서 청소년 사역자는 성경공부와 성경 연구를 많이 해서 청소년들이 모르는 지식과 정보를 많이 가지고 있어야 하고, 그것을 청소년들에게 전달해 줄 수 있어야 합니다.

청소년 사역자와 청소년 모두 알고 있는 지식과 정보라면 강의법이 아닌 다른 방법을 사용해야 합니다. 강의법은 청소년들이 많이 모였을 때 효과적입니다. 인원이 많이 모일수록 효과를 발휘합니다.

구체적인 교육 방법 2: 스토리텔링

스토리텔링은 이야기를 통해서 내용을 전달하는 교육 방법으로, 청소년들에게 성경을 가르칠 때 많이 사용합니다. 성경에는 이야기로 이루어져 있는 내용이 많습니다. 창세기에는 아브라함, 이삭, 야곱, 요셉의 이야기가 나오고, 출애굽기에는 모세와 광야를 떠돌던 이스라엘 백성의 이야기가 나옵니다. 여호수아서에는 여호수아와 가나안 땅 정복 이야기가 나오고, 사사기에는 여러 사사들의 활동이 나옵니다. 룻기에는 룻의 이야기가 나오고, 사무엘상·하에는 사무엘과 사울, 다윗 이야기가 나옵니다. 신약으로 넘어가면 복음서에는 예수님의 삶과 사역 이야기가 나옵니다.

성경은 이처럼 이야기로 이루어진 본문이 많으므로 이런 내용을 교육할 때는 스토리텔링을 이용하는 것이 좋습니다. 스토리텔링 방법을 현장에서 사용해 보면, 중요한 핵심은 등장인물의 연기를 잘해야 한다는 것입니다. 이때 연기란 등장인물의 대사를 맛깔나게 한다는 것인데, 그러기 위해선 음성을 바꿔서 할 줄 알아야 합니다. 그런데 이게 쉽지 않습니다. 성경에는 주로 남자가 많이 나오기 때문에 여러 명의 남자 목소리를 바꾸어 내는 것이 쉽지 않습니다. 그래서 스토리텔링을 쉽게 생각하면 안 됩니다. 거울을 보고 많이 연습해야 합니다. 사역자 한 사람이 성경에 등장하는 인물들을 연기해야 하기에 경험상 등장인물이 4명을 넘지 않는 것이 좋습니다. 4명이 넘어가면 목소리를 바꾸다가 다른 인물을 연기할 때가 있어 학생들이 웃다가 끝나기도 합니다.

또한 연기에서 중요한 것이 음의 높낮이를 조절할 줄 알아야 한다는 것입니다. 차분하게 말할 부분은 음의 높이를 낮게 하고, 열정적으로 강하게 말할 때와 강조해야 할 때는 음의 높이를 높여야 합니다. 이 또한 연습을 해야 자연스럽게 할 수 있습니다.

구체적인 교육 방법 3: 성경 암송

성경 암송은 유치부, 아동부 교육에서만 필요한 것이 아니라 청소년 교육에도 매우 중요합니다. 청소년들이 암송해야 하는 성경 내용은 성경책별로 중요한 성경 본문이거나, 복음에 대한 내용에서 중요하게 다루는 성경 본문이거나, 청소년의 삶에서 꼭 필요한 내용(분노 조절, 말, 정직, 노력, 겸손, 사랑, 긍정, 사명, 지혜 등)의 성경 본문입니다.

1. 복음과 관련된 성경 구절

로마서 3:23 "모든 사람이 죄를 범하였으매 하나님의 영광에 이르지 못하더니"

이사야 64:6 "무릇 우리는 다 부정한 자 같아서 우리의 의는 다 더러운 옷 같으며 우리는 다 잎사귀같이 시들므로 우리의 죄악이 바람같이 우리를 몰아가나이다"

로마서 6:23 "죄의 삯은 사망이요 하나님의 은사는 그리스도 예수 우리 주 안에 있는 영생이니라"

로마서 5:15 "그러나 이 은사는 그 범죄와 같지 아니하니 곧 한 사람의 범죄를 인하여 많은 사람이 죽었은즉 더욱 하나님의 은혜와 또한 한 사람 예수 그리스도의 은혜로 말미암은 선물은 많은 사람에게 넘쳤느니라"

에베소서 2:8 "너희는 그 은혜에 의하여 믿음으로 말미암아 구원을 받았으니 이것은 너희에게서 난 것이 아니요 하나님의 선물이라"

요한복음 1:12 "영접하는 자 곧 그 이름을 믿는 자들에게는 하나님의 자녀가 되는 권세를 주셨으니"

2. 분노 조절과 관련된 성경 구절
잠언 12:16 "미련한 자는 당장 분노를 나타내거니와 슬기로운 자는 수욕을 참느니라"

3. 말과 관련된 성경 구절
야고보서 3:2 "우리가 다 실수가 많으니 만일 말에 실수가 없는 자라면 곧 온전한 사람이라 능히 온몸도 굴레 씌우리라"

4. 정직과 관련된 성경 구절
시편 51:10 "하나님이여 내 속에 정한 마음을 창조하시고 내 안에 정직한 영을 새롭게 하소서"

5. 노력과 관련된 성경 구절

갈라디아서 6:7 "스스로 속이지 말라 하나님은 업신여김을 받지 아니하시나니 사람이 무엇으로 심든지 그대로 거두리라"

6. 겸손과 관련된 성경 구절

베드로전서 5:6 "그러므로 하나님의 능하신 손 아래에서 겸손하라 때가 되면 너희를 높이시리라"

7. 사랑과 관련된 성경 구절

마태복음 22:37-40 "예수께서 이르시되 네 마음을 다하고 목숨을 다하고 뜻을 다하여 주 너의 하나님을 사랑하라 하셨으니 이것이 크고 첫째 되는 계명이요 둘째도 그와 같으니 네 이웃을 네 자신같이 사랑하라 하셨으니 이 두 계명이 온 율법과 선지자의 강령이니라"

8. 긍정과 관련된 성경 구절

고린도후서 1:19 "우리 곧 나와 실루아노와 디모데로 말미암아 너희 가운데 전파된 하나님의 아들 예수 그리스도는 예 하고 아니라 함이 되지 아니하셨으니 그에게는 예만 되었느니라"

9. 사명과 관련된 성경 구절

사도행전 20:24 "내가 달려갈 길과 주 예수께 받은 사명 곧 하나님의 은혜의 복음을 증언하는 일을 마치려 함에는 나의 생명조차 조금도 귀한 것으로 여기지 아니하노라"

10. 지혜와 관련된 성경 구절

잠언 9:10 "여호와를 경외하는 것이 지혜의 근본이요 거룩하신 자를 아는 것이 명철이니라"

청소년들에게 성경 암송을 시킬 때 중요한 키워드는 바로 '이해와 흥미'입니다. 성경 암송을 할 때 내용 이해의 과정이 필요하고 흥미의 요소를 넣어야 합니다. 어느 성경 구절을 주고 반복적으로 읽히고 무조건 외우라고 하면 반항아적인 기질이 발동되는 청소년들은 매우 싫어할 것입니다. 그래서 성경 구절이 무슨 의미인지를 간단하게라도 설명하면서 알려 주고 그다음에 외우게 해야 합니다.

성경 암송을 할 때 흥미의 요소를 넣는 방법은 여러 가지가 있습니다. 성경 구절의 단어 하나하나를 작은 종이 한 장 한 장에 쓰게 하고, 종이들을 섞은 후 성경 구절을 배열하게 하는 방법이 있습니다. 미션을 수행하는 것 같아서 흥미를 끌 수 있습니다. 랩처럼 음률을 넣어서 반복하여 외울 수도 있고, 성경 구절 속도를 보통 속도로, 1.5배속으로, 2배속으로, 3배속으로 점점 빠르게 하면서 외우게 하는 방법도 있습니다. 청소년기에 외운 성경 구절은 평생 기억에 남아서 청소년들의 삶과 신앙에 중요한 영향을 미칠 것입니다.

구체적인 교육 방법 4: 터칭법

청소년들에게 적용할 수 있는 좋은 교육 방법으로 교구를 만지면서 교육하는 터칭(touching)법이 있습니다. 터칭법에서 필요한 것은 바로 교구입니다. 교구는 영어로 'teaching tools'로, 교육하는 데 필요한 도구이고, 교육을 위해 만지는 도구로서 매우 광범위합니다. 교구는 레고와 같은 블록을 사용할 수도 있고, 나무토막이나 카드를 쓸 수도 있고, 체계적으로 제작된 키트도 사용할 수 있습니다.

저는 청소년 교육에서 적절한 교구는 만지는 느낌을 통해 내용을 습득하게 하는 교구라고 생각합니다. 그 대표적인 예가 찰흙입니다. 찰흙은 종류에 따라 만지는 느낌이 다양한데, 큰 미술용품점에 가면 찰흙의 종류가 다양합니다. 아주 부드러운 찰흙도 있고, 작은 모래부터 자갈, 작은 돌이 든 찰흙, 큰 돌이 박힌 찰흙도 있습니다. 만지는 느낌이 다르기 때문에 교육에 다양하게 활용할 수 있습니다. 예를 들어, '하나님의 사랑'이 주제라면 부드러운 찰흙을 나눠 주고 '하트 만들기'를 하면 좋습니다. 청소년들은 부드러운 느낌을 경험하면서 '사랑이란 이렇게 부드러운 것'이라는 점을 자연스럽게 습득하고 받아들이게 됩니다. 또 다른 예를 들면, '예수님의 고난'을 주제로 교육했다면 작은 돌이나 큰 돌이 박힌 찰흙을 주고 '십자가 만들기'를 하는 것입니다. 이때는 손이 따갑고 아프거나 까끌까끌한 느낌을 경험하는데, 청소년들은 '십자가는 이렇게 아픈 것이구나! 십자가는 우리를 위한 고난이고 아픔이구나!'를 느낌으로 받아들이게 됩니다.

이와 같은 터칭법은 감성적인 교육 방법이기 때문에 이성적인 교육 방법(대표적인 예: 강의법)과 병행하면 좋습니다. 터칭법은 청소년들의 감정을 차분하게 하는 데도 도움이 되고, 체험 및 활동 학습이라는 측면에서도 의미가 있으며, 청소년들이 흥미를 가지고 참여할 수 있어서 좋습니다.

구체적인 교육 방법 5: 묵상법

묵상법은 청소년들이 읽은 성경 본문 말씀 중에서 두 가지 질문을 던진 뒤 답을 찾게 하는 방법입니다. 두 가지 질문은 "오늘 본문에서 하나님은 누구십니까?"와 "오늘 본문에서 하나님의 생각은 무엇입니까?"입니다. 하나님의 생각을 다른 말로 하면 하나님의 뜻입니다. 성경 말씀은 다 하나님의 말씀이기 때문에 어떤 본문을 보아도 하나님은 누구신지, 하나님의 생각은 무엇인지를 알 수 있습니다. 묵상법은 청소년들에게 깊이 생각하는 시간이 되기도 하고, 말씀 안에서 하나님이 누구신지, 하나님의 생각이 무엇인지 찾는 훈련이 됩니다. 청소년들은 처음에는 짧게 단답형으로 답합니다. 그러나 계속하다 보면 점점 답이 길어지는 것을 봅니다. 청소년들이 성경을 이해하는 깊이가 깊어지고, 하나님을 구체적으로 이해하게 되기 때문입니다.

구체적인 교육 방법 6: 사례법

사례법은 교육 중에 사례를 들어야 하는 경우에 사용하는 방법입니다. 청소년 교육에서 사례법은 맛있는 반찬이라고 비유하고 싶습니다. 청소년들이 집중하고 공감하게 만드는 좋은 방법입니다. 사역자가 중·고등학교 시절에 경험한 사례를 사용하는 게 좋습니다. 중학교 1학년 학생을 교육할 때는 사역자가 중학교 1학년 때 경험한 사례를 사용하고, 고등학교 2학년 학생을 교육할 때는 사역자가 고등학교 2학년 때 경험한 사례를 사용합니다. 저는 이를 위해 중학교 1학년 때부터 고등학교 3학년 때까지 경험한 일들을 생각나는 대로 정리하고, 주제별로 분류해서 사역에 사용했습니다. 그 결과 '청소년 시절 김성중 사례

집'으로 정리되어 있습니다. 거기에는 제가 공부를 잘했을 때, 성적이 떨어졌을 때, 누군가를 좋아했을 때, 아팠을 때, 부모님의 속을 썩였을 때, 하나님을 만났을 때 등 다양한 주제의 사례가 담겨 있습니다.

청소년 시절에 경험한 사례를 언급하는 이유는 청소년들을 공감하기 위해서입니다. 그리고 청소년들도 사역자의 청소년 시절 경험을 공감하게 됩니다. 이 사례법을 사용할 때도 리얼하게 이야기하기 위해서 위에서 언급한 스토리텔링 기법을 사용하면 좋습니다. 등장인물에 따라 목소리를 바꿔서 연기하면 청소년들이 더 흥미롭게, 생생하게 듣습니다.

"내가 고등학교 1학년 때 경험한 정말 억울한 일이 있어. 교문 밖을 나가는데 어떤 선생님이 나를 불렀어. '선생님: 김성중 너 어제 학교 마치고 동네 어느 노래방에 갔지? 나: 아니요. 선생님! 저는 학교 마치고 독서실에 갔는데요. 선생님: 내가 봤는데? 나: 선생님 저는 진짜 독서실에 갔는데요. 선생님: 어디서 선생님한테 거짓말을 하지? 선생님이 퇴근하고 가다가 네가 노래방에 들어가는 걸 봤는데…. 나: 선생님! 저 진짜 안 갔어요. 갔으면 갔다고 하지 왜 거짓말을 하겠어요?' 선생님은 다른 학생과 나를 착각한 것인데 내 말을 믿지 않아서 참 억울했어."

이런 식으로 사례를 언급할 때 등장인물에 따라 목소리를 바꾸어 연기하면 훨씬 생생한 이야기로 도드라져 학생들에게 전달됩니다.

구체적인 교육 방법 7: 토론법

토론법은 특정 주제에 대해서 청소년들의 의견과 생각을 서로 나누게 하는 교육 방법입니다. 청소년기에는 생각이 깊어지고 주관도 뚜렷해지는지라 토론법을 적절하게 사용하는 것이 필요합니다. 요즘 일반 학교에서는 토론법이 종종 이용되는데, 교회에서는 학생들의 생각과 의견을 표현하는 문화가 형성되지 않은 것이 안타깝습니다.

토론법을 사용할 때는 '어떤 주제를 가지고 토론할 것인가?'가 중요한데, 주로 청소년의 삶을 주제로 삼되 답이 하나로 정해지지 않도록 해야 합니다. 예를 들면, '청소년기에 이성 교제는 할 수 있는가, 하지 말아야 하는가?' '선의의 거짓말은 필요한가? 그래도 하면 안 되는가?'와 같은 주제는 답이 양쪽으로 갈리기 때문에 토론의 주제가 될 수 있습니다. 토론법을 사용하면 요즘 청소년들의 의견과 생각을 깊이 있게 들을 수 있는 장점이 있습니다. 이때 사역자는 사회자 역할만 하지 않고 토론 시간이 끝난 뒤 토론 주제에 대해 성경적인 근거를 가지고 적절한 답을 주고 정리할 수 있어야 합니다.

구체적인 교육 방법 8: 협동학습

청소년 사역에서 협동학습은 청소년들끼리 함께 힘을 합해 답을 맞히거나 작품을 만드는 것으로 이해할 수 있습니다. 청소년기는 친구나 선생님, 선후배들을 만나 인간관계 훈련을 하면서 다른 사람과 협력하고 협동하는 법을 배우는 시기입니다. 그런 면에서 협동학습은 청소년들에게 필요한 교육 방법이라고 할 수 있습니다. 청소년들끼리 함께 힘을 합쳐 답을 맞히거나 작품을 만드는 방법에는 조별로 도미노 세우기, 조별로 성경 명화 퍼즐 맞추기, 조별로 하나의 작품 그리기, 조별로 주제에 따른 노래 만들기 및 랩 가사 쓰기, 조별로 주제에 따른 영상 찍기, 어려운 성경 퀴즈 맞히기 등이 있습니다.

조별로 도미노 세우기는 시간을 주고 도미노 조각을 조별로 함께 세운 뒤 어느 조의 도미노가 잘 넘어지는지를 평가하는 것입니다. 조별로 성경 명화 퍼즐 맞추기는 성경 명화가 담긴 100피스, 200피스 퍼즐을 어느 조가 더 빨리 맞추는지를 보는 것입니다. 조별로 하나의 작품 그리기는 예를 들어, 성경의 인물 그림을 보여 주고 조 안에서 한 사람은 눈만 그리고, 한 사람은 코만 그리고, 한 사람은 머리만 그리면서 결국 성경의 인물 그림 전체를 같이 그리게 하는 것입니다. 조별로 주제에 따른 노래 만들기 및 랩 가사 쓰기는 성경의 주제(예: 하나님의 창조, 예수님의 구원 등)를 주고 노래를 만들거나 랩 가사를 쓰게 하는 것입니다. 그런 다음 조별로 발표를 하면 정말 흥미로운 협동학습이 됩니다. 조별로 주제에 따른 영상 찍기는 위와 비슷하게 성경의 주제나 청소년들의 삶의 주제를 주고 조별로 영상을 찍게 하는 것입니다. 그리고 찍은 영상을 서로 보면서 평가하면 됩니다. 마지막으로 어려운 성경 퀴즈 맞히기는 청소년 사역자가 어려운 성경 퀴즈를 내고, 청소년들이 힘을 합쳐서 답을 맞히는 것입니다. 청소년 사역을 하다 보면 청소년들에게 피자, 치킨 등을 사 줄 때가 많은데, 아무 이유 없이 사 줄 때도 있지만, 어려운 성경 퀴즈를 내고 답을 맞히면 사 주는 것도 교육적으로 좋은 효과를 줄 수 있습니다.

제가 학창 시절에 경험한 일인데, 교회학교 선생님이 우리 반 학생들에게 이 문제의 답을 맞히면 피자를 사 주겠다고 하셨습니다. 당시 피자는 정말 귀하고 비싼 음식이었습니다. 우리 반 학생들은 피자를 먹을 수 있다는 기대감에 콧노래를 불렀습니다. 그런데 선생님이 내신 문제는 이랬습니다. "브니엘의 뜻은 무엇인가?" 너무 어려웠습니다. 다행히 선생님은 성경책을 주며 찾으라 하셨고, 우리는 분량을 나눠서 '브니엘'이라는 단어를 찾았습니다. 선생님은 30분의 시간을 주셨는데, 우리는 거의 끝날 무렵에 기적적으로 답을 찾아서 맞혔습니다. 그래서 선생님은 눈물을 흘리며(?) 피자를 사 주셨고, 저는 그때 처음으로 피자를 먹게 되었습니다. 그때 먹었던 피자의 맛은 평생 잊을 수 없습니다.

구체적인 교육 방법 9: 공동체 놀이 + 기독교적 의미 부여

　청소년들은 학교생활, 학원 생활을 해내느라 힘에 겹습니다. 그로 인한 스트레스를 온라인 게임으로 해소하고 있지요. 많은 청소년들이 온라인 게임에 중독되는 이유이기도 합니다. 교회는 청소년들에게 건전한 놀이 문화를 경험시켜 주어야 합니다. 그래서 청소년 사역에서 자주 사용하면 좋은 것이 바로 공동체 놀이입니다. 혼자 미션을 수행하는 놀이가 아니라 공동체가 함께하는 공동체 놀이입니다. 공동체 놀이를 하면 함께하기에 재미도 있거니와 함께하는 사람들과 친밀감도 쌓게 되고, 협력, 희생, 양보, 규칙 등을 배울 수 있어서 좋은 교육이 됩니다. 그런데 여기서 제가 강조하고 싶은 것이 있습니다. 공동체 놀이를 하고 난 뒤에는 반드시 기독교적 의미를 부여하라는 것입니다. 모든 공동체 놀이에는 기독교적 의미를 부여할 수 있습니다.

　제가 청소년 사역을 하면서 가장 많이 한 공동체 놀이가 '신문지 위에 올라가기'입니다. 먼저 신문지를 펼쳐 조원들이 올라가게 합니다. 이 미션을 수행하면 신문지를 반으로 접어 조원들이 올라가게 합니다. 이 미션도 완료하면 반으로 접은 신문지를 또 반으로 접어 조원들이 올라가게 합니다. 신문지의 폭이 줄어들수록 희생하는 조원들이 생기게 됩니다. 나중에는 무게가 많이 나가는 조원이 상대적으로 무게가 덜 나가는 조원을 업는가 하면, 어떤 조원은 자신의 발을 밟고 올라가라고 합니다. 정말 아름다운 희생과 양보와 협력의 모습을 볼 수 있습니다. 이 공동체 놀이를 다 하고 나서는 참여한 학생들에게 기독교적인 의미를 부여합니다.

"신문지 위에 올라가기 놀이 재미있었지? 이 신문지는 우리가 살아가는 세상이란다. 이 세상에서 살기 위해서는 누군가는 업어 주는 역할을 해야 하고, 누군가는 발을 내어주는 역할을 해야 한단다. 즉 희생하고 양보하는 존재가 필요하단다. 이 존재가 바로 우리 크리스천이 되면 좋겠어. 우리가 바로 그런 사람이 되자!"

또 하나만 예를 들어 볼까요? '동작 퀴즈'는 앞에 나온 제시어를 보고 말이 아닌 동작으로만 조원들이 답을 맞히게 하는 것입니다. 이어달리기 형식으로 답을 맞히면 다음 사람이 가서 제시어를 보고 또 동작을 해서 조원들이 답을 맞히게 합니다. 일정한 시간에 몇 문제를 맞혔는지가 조별로 평가하는 기준이 됩니다. 이 공동체 게임을 마친 후에는 다음과 같은 기독교적인 의미 부여를 할 수 있습니다.

"우리는 상대방이 어떤 동작을 하는지를 내 입장이 아니라 상대방의 입장에서 집중해서 살펴보았지. 그래야 상대방이 전달하려고 하는 메시지를 알 수 있잖아. 마찬가지로 우리가 대화할 때 내 입장이 아니라 상대방의 입장에서 생각하고, 상대방이 어떤 메시지를 전달하고 싶은지를 집중해서 파악하는 것이 대화의 방법이고 사랑의 구체적인 실천이란다. 또 하나 생각해 볼 점은 하나님과의 관계에서 우리가 하는 기도란다. 기도할 때, 우리 생각만, 우리가 원하는 것만 하나님께 쏟아 내는 것이 아니라, 하나님이 나에게 어떤 메시지를 전달하실까, 하나님이 나에게 어떤 뜻을 보여 주실까를 생각하며 기도하는 것이 진짜 성숙한 기도란다."

구체적인 교육 방법 10: 역할극

역할극은 참여 중심의 재미와 의미를 주는 교육 방법입니다. 또한 성경의 인물들 안으로 깊이 있게 들어가서 생각해 볼 수 있는 좋은 교육 방법입니다. 역할극을 하기 위해서 청소년 사역자는 성경 본문을 가지고 시나리오를 만들어야 합니다. 이때 재미있게 각색하는 것이 필요합니다. 사역자가 교육하는 청소년들 숫자에 맞게 등장인물을 설정해서 시나리오를 씁니다. 예를 들어, 요한복음 13장에서 예수님이 제자들의 발을 씻겨 주시는 장면을 시나리오로 쓸 수 있습니다.

예수님: 오늘 내가 너희의 발을 씻어야겠다. 베드로 이리 오너라!

베드로: 예수님! 어떻게 선생님이신 예수님이 저의 이 더러

운 발을 씻기십니까? 제 발은 절대 씻기지 못하십니다.

예수님: 내가 네 발을 씻기지 않으면 너는 나와 아무 관계가 없단다. 그래도 되겠니?

베드로: 그럼 발뿐만 아니라 온몸을 씻겨 주세요.

예수님: 너는 항상 오버하는 게 문제야. 이미 깨끗해진 자는 발만 씻으면 된다. 발을 내밀어라.

예수님: 가룟 유다, 너도 이리 오너라.

가룟 유다: (인상을 쓰며 예수님 앞으로 간다) 그러지요.

이렇게 시나리를 쓴 다음에는 출력해서 나눠 주고 사역자가 그 배역을 임의로 정해서 연기하듯이 읽게 합니다. 그런 다음 배역을 바꿔서 읽게 합니다. 배역을 3번 정도 바꿔서 한 후에는 느낀 점, 깨달은 점을 나눕니다.

구체적인 교육 방법 11: 질문법

질문법은 일상적인 교육에서 쉽게 사용할 수 있는 방법으로, 사역자와 학생 간에 쌍방향 소통이 이루어지는 좋은 방법입니다. 청소년 사역자가 학생들에게 질문하면 학생들은 답변을 할 뿐 아니라 반대로 사역자에게 질문할 수 있습니다. 그러니까 사역자도 질문자와 대답자가 될 수 있고 학생들도 질문자와 대답자가 될 수 있습니다. 심지어 학생들끼리 서로 질문하고 답할 수 있습니다. 질문법은 3가지 요소로 구성되는데, 바로 질문, 답변, 반응입니다. 질문하면 그 질문에 대해서 답변하고, 답변에 대해 반응하는 것입니다. 사역자가 질문하고 학생이 정답을 맞혔을 때를 예로 들면 다음과 같습니다.

질문: 아브라함의 아들은 누구입니까?

답변: 이삭입니다.

반응: 아주 잘했어요.

다음으로 사역자가 질문하고 학생이 오답을 말했을 때를 예로 들면 다음과 같습니다.

질문: 아브라함의 아들은 누구입니까?

답변: 다윗입니다.

반응: 다윗을 알고 있군요. (인정) 또 알고 있는 성경 인물을 이야기해 보세요. (기회 제공) 오늘 성경 인물 한 명을 더 배우면 좋겠어요. 아브라함의 아들은 이삭입니다. (배움으로 마무리)

오답을 말했을 때는 바로 틀렸다고 말하지 않고 먼저 답변한 것에 대해 인정하는 말을 해주면 좋습니다. 그런 다음 답을 다시 할 수 있도록 기회를 제공합니다. 그런데 결국 답을 맞히지 못하면 마지막은 배움으로 마무리합니다. 이럴 때 학생은 마음 상하지 않게 되고 교육적 효과를 거둘 수 있습니다.

질문의 종류는 크게 세 가지가 있는데, 지식 정보의 질문, 해석의 질문, 적용의 질문이 있습니다. 이 세 가지 종류의 질문을 학생들에게 골고루 사용해서 물어보면 좋습니다. 또한 이 세 가지 종류의 질문을 순서대로 연속해서 물어봐도 좋습니다. 지식 정보의 질문은 사실을 제대로 알고 있는지를 확인하는 질문이고, 해석의 질문은 왜 그런지를 깊이 생각하게 만드는 질문이며, 적용의 질문은 삶 속에서 구체적으로 실천하고 적용하도록 만드는 질문입니다. 예를 들면 다음과 같습니다.

지식 정보의 질문: 예수님이 태어나신 곳은 어디입니까?

답: 베들레헴.

해석의 질문: 왜 예수님은 베들레헴에서 태어나셨습니까?

답: 다윗의 고향에서 다윗의 후손으로 태어나심으로 인류를 구원할 진정한 왕으로 오심을 증거하심.

적용의 질문: 나를 구원할 진정한 왕으로 오신 예수님을 높이며 살기 위해 나는 오늘 어떤 실천을 할 것입니까?

질문을 한 뒤에는 학생들이 생각하고 답변할 시간을 주어야 합니다. 학생들이 바로 답을 하지 않을 때는 기다려야 합니다. 그럼에도 정답이 나오지 않으면 사역자와 친하면서 모범적인 학생부터 시키는 것도 괜찮습니다. 질문법은 어렵지는 않지만 자연스럽게 사용하기 위해서는 자주 사용해서 경험을 쌓아야 합니다.

구체적인 교육 방법 12: 행동 성찰법

행동 성찰법은 청소년들이 지난 한 주간을 돌아보며 성찰하고 반성하는 것입니다. '성찰'이란 자신의 부족한 점, 실수한 점, 반성하고 회개할 점을 찾는 것입니다. 자신의 행동에 대해 성찰하는 시간을 매주 꾸준히 갖다 보면 크리스천 청소년으로서 바른 행동, 하나님을 기쁘시게 하는 행동을 하며 살아가게 될 것입니다. 그리고 점점 더 내적으로, 영적으로 성장하고 성숙하게 될 것입니다. 중요한 것은 꾸준히 하는 것입니다. 매 주일 10분 정도의 시간만 가져도 됩니다.

행동 성찰법은 학생들이 돌아가면서 일주일 동안의 삶에서 반성할 점을 이야기하는 것입니다. 가정생활, 학교생활, 학원 생활, 교회 생활 가운데, 부모와 형제 자매 간의 관계에서, 학교와 학원 선생님과 친구들 간의 관계에서, 목회자와 교회학교 선생님과 친구들 간의 관계에서 반성이 필요한 행동을 구체적으로 찾고 나누는 것입니다. 이것은 잘못된 행동을 찾아서 비난하거나 정죄하거나 혹은 잘못된 행동을 끄집어내 괴로운 마음을 갖게 하려는 것이 아닙니다. 더 성장하고 더 성숙해져서 하나님과 사람들로부터 사랑받는 사람이 되기 위해서 하는 것입니다.

구체적인 교육 방법 13: 미션 프로젝트법

이 방법은 제가 청소년 사역을 하면서 청소년들에게 미션을 주고, 그것에 대해 프로젝트를 세워 보도록 한 방법입니다. 저는 청소년들이 가정에서, 학교에서, 일상에서 공통으로 경험하는 여러 가지 문제를 생각하고, 이 문제를 크리스천 청소년으로서 어떻게 해결할지에 대해서 계획을 세우고 하나하나 실천으로 연결하는 시도를 했습니다. 대표적인 청소년의 문제는 가정 안에서는 부모, 형제 자매 간의 갈등을 들 수 있고, 학교 안에서는 왕따와 같은 소외와 인간관계의 문제를 들 수 있습니다. 일상에서는 여러 중독의 문제를 들 수 있습니다. 저는 이러한 문제들에 대해 상황 시나리오를 써서 청소년들에게 읽어 주고, 어떤 미션 프로젝트를 세워서 수행할 것인지를 이야기하게 했습니다. 왕따의 예를 가지고 상황 시나리오를 간단히 쓰면 다음과 같습니다.

"오늘 교회에 다니는 김성중 학생은 학교에 등교했습니다. 그런데 항상 반 뒤에서 외롭게 앉아 있는 반 친구가 있습니다. 그 친구 곁에는 아무도 다가가지 않아 그 아이는 항상 홀로 앉아 있습니다. 공부도 혼자 하고, 밥도 혼자 먹고, 집에도 혼자 갑니다. 다른 친구들이 그 친구 곁에 다가가지도 않고 말도 걸지 않기 때문에 어쩐지 나도 그 친구한테 가기가 뻘쭘하고, 다른 친구들 눈치를 보게 됩니다. 이러한 상황에서 예수님을 믿는 김성중 학생은 어떻게 행동하는 것이 옳을까요?"

이러한 상황 시나리오를 듣는 청소년들 중에는 왕따 가해자도 있고, 왕따 피해자도 있고, 왕따 방관자도 있을 것입니다. 그들은 이 시나리오를 들으면서 자신의 문제와 직면하게 될 것입니다. 청소년들의 문제를 해결하는 좋은 방법은 그 문제를 정확하게 직면하게 하는 것입니다. 직면할 때 고민하게 되고, 자신의 모습을 돌아보게 됩니다. 그리고 하나님이 기뻐하시는 실천이 무엇인지, 그 문제를 해결하기 위해서는 어떻게 해야 하는지 답을 찾게 됩니다. 문제 해결로 나아가기 위해 각자 어떤 역할을 할 것인지, 어떤 실천을 할 것인지에 대해 구체적으로 미션 프로젝트를 세워 나누는 시간을 가지면 좋습니다. 사역자는 미션 프로젝트를 삶에서 잘 실천하고 진행하고 있는지를 정기적으로 점검하고 격려할 필요가 있습니다.

구체적인 교육 방법 14: 미션 수행 국내 성지 현장 탐방

청소년들을 위한 활동 중심의 교육 방법으로 좋은 것이 현장 탐방입니다. 우리나라에는 기독교 역사와 관련된 성지들이 참으로 많습니다. 초창기 선교사님들과 관련된 성지부터, 순교자들과 관련된 성지까지 전국적으로 있습니다. 이런 성지들을 사역자가 청소년들과 함께 탐방하면 좋습니다. 탐방은 활동과 경험, 체험 위주의 교육으로서 청소년들의 흥미를 유발할 수 있고, 한국 기독교 역사를 이해하고 알 수 있다는 점에서 큰 의미와 가치가 있습니다.

그런데 국내 성지를 탐방할 때, 단순히 가서 보는 것으로 끝나는 것이 아니라 미션을 수행하면 그 의미가 더 커집니다. 청소년들은 미션 수행을 좋아하고 적극적으로 참여합니다. 요즘 예능 프로그램도 미션 수행이 많아서 거기에 익숙해 있기도 합니다. 가령, 어느 순교자 비석 앞에서 사진 찍기, 어느 교회의 설립연도 알아 오기, 어느 기독교 박물관에 가서 어느 선교사님이 쓰시던 성경책 앞에서 인증샷 찍기 등이 있습니다. 이렇게 미션을 다 수행한 사람에겐 도장을 찍어 주고 선물도 주면 더 적극적으로 참여하게 됩니다. 주말이나 방학 기간을 이용해서 미션 수행 국내 성지 탐방을 기획하고 시행하면 좋을 것입니다.

구체적인 교육 방법 15: 봉사활동

봉사활동도 청소년들에게 중요한 교육이 될 수 있습니다. 요즘 청소년들은 외동이 많아서 받는 데는 익숙하지만 주는 데는 인색한 경향이 있습니다. 이런 아이들에게 봉사활동은 '주는' 훈련이 됩니다. 봉사활동은 교회 안과 밖 어디서든 할 수 있습니다.

저는 순번을 정해서 청소년들이 주일에 주방 봉사를 하게 했습니다. 주방에 들어가서 음식 만드는 권사님들을 돕는 봉사를 하게 한 것입니다. 물론 저도 같이했습니다. 이외에도 교회 화장실 청소도 했습니다. 청소년부 예배 마치고 나서 공과공부 들어가기 전에 다 같이 주변에 떨어진 쓰레기를 줍고 간단히 청소하는 시간도 가졌습니다. 교회 안에도 봉사활동 할 것이 참 많습니다. 교회 밖에서는 교회와 연결된 기관에 가서 정기적으로 봉사하거나 교회 주변의 사회적 약자를 돕는 활동을 할 수 있습니다. 중요한 것은 봉사활동이 이벤트가 되어서는 안 된다는 점입니다. 봉사활동이 이벤트가 되지 않기 위해서는 동일한 대상에게 정기적으로 봉사할 수 있어야 합니다. 이외에도 부활절에 달걀을 교회 주변의 식당에 전달하거나, 추수감사절에 과일을 교회 주변의 카페에 전달하는 것도 봉사활동이 될 수 있습니다.

구체적인 교육 방법 16: 센터학습법

센터학습법은 몇 개 센터를 마련하고 같은 주제지만 다른 방법으로 센터마다 교육을 진행하는 것입니다. 예를 들어, 센터 1에 들어가면 강의법을 사용하고, 센터 2에 들어가면 터칭법을 사용하고, 센터 3에 들어가면 역할극의 방법을 사용하는 것입니다. 이와 같은 센터학습법은 절기 예배 때 활용하면 좋습니다. 절기 예배를 마치고 나서 일상적인 공과를 진행하는 것이 아니라, 각 센터를 돌면서 교육을 받는 것입니다.

예를 들어, 종려주일에 '예수님의 고난'이라는 주제로 센터학습을 진행한다고 해봅시다. 센터 1에서는 십자가의 의미와 내용에 대해 사역자가 강의를 합니다. 센터 2로 이동해서는 준비된 찰흙을 가지고 십자가 만들기를 합니다. 센터 3으로 이동하면 세족식 세팅이 되어 있는데, 사역자가 세족식과 관련된 성경 내용을 가지고 시나리오를 만든 다음 학생들에게 배역을 주고 각자 연기하듯 시나리오를 읽게 합니다. 물론 사역자도 등장인물의 한 사람으로 참여합니다. 역할극을 마치고 나면, 예수님을 맡은 사람이 다른 학생들의 발을 씻깁니다. 그런 다음 다시 배역을 바꿔 모두가 예수님이 되어 다른 사람의 발을 씻기게 합니다.

또 다른 예를 들면, 추수감사주일에 '언제나 감사'라는 주제로 센터학습을 진행하는 것입니다. 센터 1에서는 '나는 왜 감사

해야 하는가?'라는 질문지를 주고 종이에 기록하게 합니다. 센터 2로 이동하면 감사와 관련된 성경 구절 세 개를 암송하는 미션을 수행하게 합니다. 센터 3으로 이동하면 시편에서 감사 시 한 장을 같이 읽고, 본문에서 '하나님은 누구인가?', '하나님의 생각은 무엇인가?'라는 두 가지 내용을 가지고 묵상하고 서로 나누는 시간을 가집니다.

이처럼 절기예배 때 센터학습법을 사용하면 생생하고도 풍성한 교육을 제공할 수 있습니다.

자신을 성찰해 보기

1. 나는 학생들에게 주로 어떤 교육을 하고 있습니까?

   ....

   ....

2. 학생들을 가르치는 데 있어서 내가 개선해야 할 점은 무 엇입니까?

   ....

   ....

3. 나는 학생들을 교육할 때 주로 어떤 교육 방법을 사용합 니까?

   ....

   ....

4. 나의 교육 방법을 다양화하기 위해서 내가 도전해야 할 교 육 방법은 무엇입니까?

   ....

   ....

   ....

청소년이 좋아하는 워딩으로
이해하고 소통하기

청소년 사역자가 청소년 사역을 하면서 가장 힘들어하는 부분은 바로 청소년과의 소통입니다. 청소년과 소통이 되지 않으니 친밀감이 형성되지 않고, 친밀감이 형성되지 않으니 사역자의 말이 청소년에게 통하지 않는 것입니다. 그렇기에 청소년과 소통하는 능력은 청소년 사역자에게 반드시 요구됩니다.

과연 청소년과 소통을 잘하기 위해서는 어떻게 해야 할까요? 소통과 관련된 기술만 익히면 될까요? 청소년과 자연스러운 소통, 편안한 소통, 즐거운 소통을 하기 위해서는 청소년을 이해하는 과정이 꼭 필요합니다. 청소년을 이해할 때 어떻게 소통해야 하는지 그 방법을 알 수 있기 때문입니다. 이해가 왜 중요합니까? 이해는 바로 사랑의 증거이기 때문입니다. 우리가 누군가를 사랑한다고 말하면서 그 대상을 이해하려고 하지 않는다면 그것을 사랑이라고 말하기 힘들 것입니다. 그래서 청소년을 진정으로 사랑한다면 그들을 이해하게 되고, 그 이해를 바탕으로 소통이 이루어질 수 있습니다. 청소년을 이해하기 위해 청소년의 특징과 그에 따르는 소통의 내용을 살펴보도록 하겠습니다.

말이 너무 많은 건 싫어요

청소년은 말을 많이 하는 사람과 만나는 것을 매우 힘들어합니다. 물론 이것은 청소년에게만 해당되는 이야기가 아닙니다. 내 이야기는 듣지 않고 자기 말만 계속하는 사람을 만나면 굉장히 피곤합니다. 그런 사람과는 다시 만나고 싶지 않습니다. 청소년은 특히 더 그렇습니다. 청소년이 힘든 문제, 어려운 문제, 고민과 걱정이 있을 때 부모나 교사를 비롯한 주변 어른들에게 털어놓지 못하는 이유도 여기에 있습니다.

"제가 한마디 하면 어른들은 열 마디 해요."

어른들은 듣기보다는 더 많이 말하기 때문입니다. 그래서 청소년은 친구에게 자신의 고민을 털어놓습니다. 친구는 들어주기 때문입니다. 이것이 곧 소통의 열쇠입니다. 청소년이 어떤 이야기를 꺼내면 집중해서 들어야 합니다. 청소년이 열 마디 하면, 사역자는 한마디 하면 됩니다. 사역자는 잘 듣되 청소년이 더 많이 말하게끔 이끌어 주면 됩니다. 이때 소통이 이뤄집니다.

학생들의 이야기를 들을 때 표정 관리가 매우 중요합니다. 사람은 대화할 때 상대방의 말을 듣기 전에 먼저 표정을 읽는다고 합니다. 사역자는 학생들과 소통할 때 밝고 적극적인 표정을 지어야 합니다. 인상을 쓰거나 피곤한 표정을 지으면 청소년은 말을 꺼내기 힘들어합니다. 학생들과 대화할 수 있어서 너무 좋다는 표현을 오버해서 하면 좋아합니다.

"오늘 내가 너와 만나 대화할 수 있어서 정말 행복해. 나머지 시간을 다 비워 놨으니까 편안하게 마음껏 말하렴. 목사님이 들을게."

이것은 '나는 너의 이야기를 들을 준비가 되어 있어'라는 신호이고, 그러면 청소년은 자신의 이야기를 꺼낼 용기를 얻어 마음을 내어놓게 됩니다. 또한 이야기를 들을 때는 공감의 반응을 보여 줘야 합니다. 바로 맞장구입니다. 이때 상대의 감정과 같은 감정을 표현해야 합니다. 학생이 슬퍼하면 사역자도 슬픈 감정을 표현해야 하고, 학생이 억울해하면 사역자도 억울한 감정을 표현해야 하며, 학생이 기뻐하면 사역자도 기쁨의 감정을 표현해야 합니다. 이 같은 공감의 반응이 학생들로 하여금 자기 얘기를 더 많이 꺼내게 만드는 호응이 됩니다. 그리고 오늘 나누는 대화는 친구나 부모에게 절대 말하지 않겠다고 말해 주어야 합니다. 그럴 때 청소년은 사역자를 신뢰하며 더 깊은 이야기를 꺼내 놓을 수 있습니다.

잔소리는 질색이에요

청소년은 어른의 잔소리를 듣기 싫어합니다. 청소년은 아직 배워야 할 때라 당연히 어른의 잔소리도 들을 필요가 있습니다. 하지만 청소년이 잔소리를 매우 싫어하니, 사역자는 잔소리를 해야 할지 말지 고민이 됩니다. 그런데 잘 살펴보면 청소년은 잔소리의 내용을 싫어하는 것이 아닙니다. 어른이 잔소리하는 방법을 싫어하는 것입니다. 청소년은 어른의 잔소리가 자신이 잘되라고 하는 말인 줄 압니다. 하지만 아무리 잘되라고 하는 말도 강압적으로 혹은 지시조로 말하면 기분 나빠서 듣기 싫습니다. 그러므로 잔소리를 하지 않는 게 중요한 게 아니라 잔소리하는 방법이 중요합니다.

어떻게 잔소리해야 할까요? 가장 먼저 기분 좋게 말하는 것입니다. 예를 들어, 설교 시간에 매번 잠자는 학생이 있다고 합시다. 일주일 동안 정성껏 준비한 설교를 듣지 않는 학생들을 보면 힘도 빠지고 때로 화가 나기도 합니다. 이때 화난 감정이 지적하는 말과 함께 나가면 자신이 잘못했음에도 인정하고 싶지 않습니다. 듣고 싶지 않은 것입니다. 따라서 먼저 기분 좋은 말로 마음을 풀어 줍니다. "○○아! 많이 피곤하나 보네. 네가 피곤한데도 불구하고 이렇게 예배에 나오니까 목사님이 힘이 난다." 눈치 빠른 학생은 설교 시간에 잠만 잔 자신에게 목사님이 좋게 말해 주니 미안해질 것입니다. 그런 다음 지적을 하는데, 이때도 감정을 차분하게 하고, 따뜻한 음성으로 나의 솔직한 생각과 느낌, 내가 원하는 것을 전달해야 합니다.

"○○아! 그런데 목사님이 설교할 때 계속 고개를 숙이고 잠을 자면 내가 잠을 재우는 설교를 하나, 그렇게 설교를 못하나 하는 생각이 들어. (내 생각) 그러면 기분이 안 좋기도 하고 나도 인간인지라 상처를 받기도 한단다. (내 느낌) 그러니까 다음부터는 설교 시간에 가끔이라도 고개를 들고 내 눈을 쳐다보면 내가 더 신나서 열심히 설교할 수 있을 것 같아. (내가 원하는 것)"

느리고 길고 늘어지게 말하면
답답해요

청소년은 대화하는 방식에 있어서 싫어하는 것이 명확합니다. 첫째, 느리게 말하는 것입니다. 요즘 청소년들은 유튜브 영상을 볼 때 대개 2배속으로 설정해 놓고 봅니다. 그렇다 보니 느리게 말하는 것에 익숙하지 않고, 상대방이 느리게 말하면 대화

집중도가 떨어집니다.

둘째, 문장을 한 번에 길게 말하는 것입니다. 요즘 청소년들은 영상 세대인지라 사람이 하는 말에 잘 집중하지 못합니다. 특히 문장을 한 번에 길게 말하면 집중도가 급격하게 떨어집니다. 학생들은 긴 문장으로 말하면 훈계한다고 생각하기도 합니다.

셋째, 하나의 주제를 물고 늘어지듯이 말하는 것입니다. 예를 들어, 사역자가 "지난주에도 학교생활 하느라 수고 많았어. 학교생활이 어땠어?"라고 물으면 학생들은 대개 "그냥 그랬어요"라고 대답합니다. 이때 사역자가 "어떻게 그냥 그랬는지 자세하게 이야기해 줄래?" 하면 학생들은 더 이상 말하고 싶어 하지 않습니다.

따라서 청소년과 대화할 때 첫째, 말을 가급적 빨리해야 합니다. 저도 원래 말이 느린 사람입니다. 청소년과 대화하다가 원래 제 속도대로 느리게 말하면 학생들의 집중도가 급격하게 떨어지는 것을 실제로 느낍니다. 그래서 저는 말의 속도를 높이기 위해 거울 보고, 벽 보고 연습을 했습니다. 지금은 청소년과 대화할 때는 어른과 대화할 때보다 2배 가까이 빠르게 말합니다. 확실히 말을 빨리할 때 학생들의 집중력이 높아지는 것을 봅니다. 둘째, 문장을 짧게 끊어서 말해야 합니다. 전달하려는 내용이 많으면 문장을 짧게 끊어서 말하고, 짧게 끊은 문장을 많이 말하면 됩니다. 셋째, 대화의 주제를 다양하게 해야 합

니다. 하나의 주제를 간단히 이야기했으면 다른 주제로 넘어
가서 이야기하는 것입니다. 예를 들어, 사역자가 "지난주 학교
생활 어땠어?" 했을 때 학생이 "그냥 그랬어요"라고 대답했다
면, 사역자는 "그랬구나. 수고 많이 했어" 하며 등을 토닥여 주
고 다음 주제로 넘어가는 것입니다. 이렇게 청소년과 눈높이
를 맞추는 대화를 연습하고 그것이 익숙해지면 청소년과 자연
스럽게 소통할 수 있게 됩니다.

우리 이모티콘 문자로 소통할래요?

청소년은 문자로 소통하는 것을 좋아합니다. 청소년이 즐겨
이용하는 SNS 플랫폼들이 다 문자로 소통하는 구조입니다. 어
른도 문자로 소통합니다. 그런데 근본적인 차이가 있습니다.
어른은 대개 문자로 소통하지만 청소년은 문자보다는 이모티
콘으로 소통한다는 것입니다. 요즘 이모티콘은 정말 다양해서
문자 메시지 없이 이모티콘만으로도 소통이 가능합니다.

사역자가 청소년과 소통하려면 이모티콘을 잘 활용해야 합
니다. 이왕이면 최신 이모티콘을 사용하면 좋습니다. 무료 이
모티콘보다 최신 유료 이모티콘을 사용하면 청소년은 자기들
과 공감대가 형성된 것 같아 좋아합니다. 때로 이모티콘을 선
물로 주면 좋습니다.

손편지는 감동이에요

청소년은 스마트폰이 없으면 안 되는 스마트 세대입니다. 그렇다 보니 아날로그 방식으로 직접 종이에 글을 쓰는 경우가 거의 없습니다. 제가 중·고등학교 때만 해도 친구들과 손편지를 주고받았고, 크리스마스에는 성탄 카드를 직접 써서 보냈습니다. 그 과정에서 따뜻한 마음이 오고 갔지요. 그래서 저는 제가 주최하는 청소년 수련회 마지막 날이면 폐회 예배 직전에 '롤링 페이퍼'를 돌려 참여한 친구들에게 간단히 손편지를 쓰도록 합니다. 청소년들은 친구들이 써 준 글을 소중하게 간직합니다.

청소년에게 손편지를 종종 써 주면 좋습니다. 그런데 손편지를 쓰는 일은 사역자나 학생들에게도 부담이 될 수 있습니다. 이때 좋은 것이 포스트잇에 간단한 응원과 축복의 말을 써 주는 것입니다. 성경 구절을 쓰는 것도 방법입니다. "너는 하나님이 정말 사랑하시는 자녀야. 힘내라! 힘내라!", "네가 이 세상에 존재하는 것이 우리에게 얼마나 큰 기쁨이 되는지 몰라!", "하나님의 사람아! 학교생활 가운데서도 승리하렴!", "목사님은 항상 네 편이 되어 줄게", "너의 하나님 여호와가 너의 가운데에 계시니 그는 구원을 베푸실 전능자이시라 그가 너로 말미암아 기쁨을 이기지 못하시며 너를 잠잠히 사랑하시며 너로 말미암아 즐거이 부르며 기뻐하시리라 하리라"(습 3:17).

저도 인정받고 싶어요

모든 사람은 인정 욕구가 큽니다. 청소년도 주변 사람들의 인정을 받고 싶어 합니다. 그들이 인스타그램에 예쁘고 멋진 사진을 찍어 올리는 것도 누군가에게 인정받고 싶어서입니다. 요즘 뜨는 카페에 가서 사진을 찍어 올리는 것도 자랑하고 싶고 관심받고 싶어서입니다. 유튜브를 운영하는 청소년들이 많은 사람의 구독 신청을 원하는 것도, 학생들이 부모에게 신형 스마트폰을 사 달라고 하는 것도 같은 이유에서입니다. 새롭게 출시된 게임을 기를 쓰고 마스터하려는 이유도 친구들에게 인정받기 위해서입니다. 헤어스타일을 바꾸고 화장을 하고 새 옷을 사서 꾸미는 것도 인정받고 싶어서입니다.

그러므로 사역자는 청소년들을 인정해 주는 말을 자주, 많이 해야 합니다. 사역자가 해야 하는 인정의 말에는 두 가지가 있습니다. 첫째는 존재론적인 인정의 말이고, 둘째는 한 것에 대한 인정의 말입니다. 존재론적인 인정의 말은 뭘 잘해서가 아니라 존재 자체를 인정하고 존중하는 것입니다. "나는 네가 교회에 앉아 있는 것만 봐도 행복하단다. 나는 네가 이 세상에 존재하는 것만으로도 기쁘다. 너는 존재하는 것만으로도 정말 귀한 존재다." 이렇게 말하면 학생들은 "목사님! 너무 유치해요"라는 반응을 보일 수 있습니다. 하지만 이 말 한마디로 무력하기만 하던 청소년들이 살아나기도 합니다. 솔직히 우리 아이들이 어디서 존재론적인 인정의 말을 듣겠습니까? 학교 선생님한 테서 듣겠습니까, 학원 선생님한테서 듣겠습니까, 친구나 선배 한테서 듣겠습니까? 예수님의 사랑 가운데서 우러나오는 존재 론적인 인정의 말을 아끼지 말고 하기를 바랍니다.

그다음 사역자가 신경 써서 잘해야 하는 말이 '한 것에 대한' 인정의 말입니다. 여기서 오해하지 말아야 하는 것이 '잘한 것 에 대한 인정'이 아니라 그냥 '한 것에 대한 인정'이라는 것입니 다. 학교나 학원에서 선생님들은 학생들이 잘한 것에 대해서만 인정해 줍니다. 성적이 잘 나오면 인정하지만, 그 반대의 경우 는 혼을 내기 일쑤입니다. 교회에서만큼은 잘해서가 아니라 무 언가를 했기 때문에 인정해 주면 좋겠습니다. 헤어스타일이 바 뀐 학생의 경우, "우와! 헤어스타일 바꿨네. 네 헤어스타일이 가 을 분위기랑 정말 잘 어울린다"고 인정하는 말을 하는 것입니 다. 헤어스타일이 그 학생에게 어울리건 안 어울리건 그건 중 요하지 않습니다.

인정의 말을 할 때는 구체적으로 묘사해서 말해야 하고, 학 생 한 명 한 명 다르게 표현해 주는 것이 좋습니다. 무엇을 하 건 똑같거나 비슷하게 표현하면 청소년들은 자신을 인정해서 하는 말이라고 여기지 않습니다. 인사치레로 하는 말로 듣는 것입니다.

또한 학생들이 말한 내용에 대해서도 인정의 말을 아끼지 말 아야 합니다. 특히 교회에서는 퀴즈를 내거나 질문을 해서 답을 맞히게 하는 경우가 많습니다. 그때 비록 오답을 말해도 먼저 인정하는 말을 해주고 답을 수정하는 것이 필요합니다.

"고린도전서 13장 13절에 보면 믿음, 소망, 사랑, 이 세 가지는 항상 있을 것인데 그중의 제일은 뭐라고 했을까?"

이때 어떤 학생이 "믿음"이라고 오답을 할 경우, "땡! 틀렸어" 하지 말고 먼저 "오~ 믿음이 중요하지. 우리의 신앙과 삶에서 믿음은 정말 중요하단다"라고 인정의 말을 해줍니다. 이 경우 답이 틀렸어도 무안하지 않습니다. 인정의 말도 없이 처음부터 "땡! 틀렸어" 하면 무시당했다고 느끼게 됩니다.

"그런데 믿음도 중요하지만 다른 것도 중요하거든. 고린도전서 13장 13절에서 무엇이 가장 중요하다고 했을까?" 이렇게 다시 기회를 주어 정답이 따로 있음을 스스로 느끼게 합니다. 그러나 끝내 답을 맞히지 못했다면, "고린도전서 13장 13절에는 믿음, 소망, 사랑, 이 세 가지는 항상 있을 것인데 그중의 제일은 사랑이라고 나온단다. 사랑이 중요하다는 점을 강조하는 성경 구절이야. 이 기회에 사랑이 제일 중요하다는 점을 배우고 기억하면 좋을 것 같아. 알겠지?"라고 말해 주면 됩니다.

이렇게 '존재론적인 인정의 말'과 '한 것에 대한 인정의 말'을 자주, 많이 하면 청소년과 소통하기가 좀 더 쉬워질 것입니다.

비교는 질색이에요

청소년은 비교하는 것을 정말 싫어합니다. 그들의 일상을 들여다보면 청소년이 비교당하는 것을 몹시 싫어하는 이유가 자명해집니다. 학교에서든 집에서든 청소년은 성적으로 비교당하는 것이 일상이 되었습니다. 나름대로 열심히 공부해서 시험을 치렀으나, 공부한 데 대한 칭찬은 없고 다른 친구들보다 잘했느냐에 방점을 두고 결과를 평가합니다. 내 성적이 아니라 다른 학생들과 비교했을 때 우위에 있느냐를 중요하게 여기는 것입니다. 그래서 부모는 자녀의 성적표를 받아 들고 이렇게 묻습니다. "옆집 애는 몇 점 받았어?", "너희 반에서 너보다 잘한 애들은 얼마나 돼?"

저는 청소년들을 만나면 꼭 묻는 게 있습니다. "너는 재능이 뭐니?" 그러면 많은 학생들이 "저는 재능이 없어요"라거나 "몰라요"라고 대답합니다. 청소년들이 정말 재능이 없거나 자신의 재능을 모르는 것일까요? 아닙니다. 비교하는 문화에서 살다 보니 자신이 가진 재능까지 비교해서 평가하는 것입니다. 피아노를 좋아하기도 하고 잘하기도 하는 청소년이 있다 했을 때, 같은 반에서 자기보다 피아노를 더 잘 치는 친구가 있으면, 자신은 피아노에 재능이 없다고 느낍니다. 누구보다 잘해야, 1등을 해야 비로소 재능으로 인정하는 것입니다.

교회에서만큼은 비교하는 말을 사용하지 말아야 합니다. 사역자는 이 같은 비교 문화를 안타깝게 여기고 청소년들이 여기에서 자유로울 수 있도록 이끌어야 합니다. "옆반의 OO는 성경 암송을 해 왔는데, OO는 왜 안 해 왔니?", "OO는 예배 시간에 집중해서 설교를 잘 듣는데, OO는 왜 잠만 자니?", "OO는 앞에 나와서 찬양도 잘 부르는데, OO는 왜 맨날 뒤에 앉아서 찬양도 안 부르고 가만히 있니?" 이런 말이 비교하는 말입니다.

사역자는 청소년 한 명 한 명에게 격려하는 말을 해야 합니다. "네가 지난주에는 바쁜 일이 있어서 성경 암송을 못해 온 것 같은데, 이번 주에는 열심히 해 왔네. 잘했어!", "요즘에는 이전보다 설교를 더 집중해서 잘 듣는 것 같아. 목사님이 널 보면 알 수 있거든. 내 설교 잘 들어줘서 고마워!", "찬양을 점점 잘 부르는 것 같아. 예전에는 안 그랬는데, 요즘에는 네가 찬양하는 소리가 나한테도 들려. 우리 하나님이 정말 기뻐하시겠다." 이같이 지난번보다 잘했으면 응원하고 격려하는 말을 적극적으로 하기 바랍니다.

제가 좋아하는 걸 어떻게 아세요?

청소년은 자신의 관심사를 인정해 주는 사람을 좋아하고 그 사람과 대화하기를 원합니다. 또한 자신과 같은 관심사를 가진 사람과 동질감을 느끼고 친밀감을 느낍니다. 좋아하는 아이돌 가수가 같으면 금방 친해집니다. 남학생의 경우 좋아하는 운동이 같은 친구와 금방 친해지는 것을 봅니다. 관심사를 공유하는 것만으로도 친밀감을 느끼는 것입니다.

청소년 사역자는 학생 한 명 한 명의 관심사가 무엇인지를 파악하고 그 관심사를 가지고 대화할 수 있어야 합니다. 좋아하는 취미가 무엇인지, 주로 듣는 노래는 무엇인지, 좋아하는 연예인이나 아이돌 가수는 누구인지, 주로 보는 예능 프로그램이나 유튜브 채널이 무엇인지, 어떤 온라인 게임을 즐기는지, 시간 날 때 하는 운동은 무엇인지… 관심사를 파악해서 인정해 주고 그것을 소재로 대화를 나눌 수 있어야 합니다.

이때 학생에게 관심사를 질문해서 파악하면 안 됩니다. "좋아하는 아이돌 가수가 누구니?", "네가 주로 하는 운동은 무엇이니?", "요즘 온라인 게임 뭐 하니?" 이렇게 물어보아서 파악하면 학생들은 '목사님은 내 관심사에 관심도 없는데, 나랑 대화하려고 노력하는 건가?'라고 생각합니다. 요즘 학생들이 얼마나 눈치가 빠른지 모릅니다. 질문으로 관심사를 파악해서는 자연스런 소통으로 나아가지 못합니다. 은연중에 파악해야 합니다. 물론 쉽지 않지요. 은연중에 파악하려면 학생 한 명 한 명에게 관심을 기울여야 가능합니다. 친구들끼리 말하는 것을 듣고 관심사를 파악하고, 대화를 나누는 중에 자연스럽게 관심사를 파악하고, 교회에서 하는 프로그램에 참여하는 정도를 통해 관심사를 파악해야 합니다.

저는 아이돌 가수의 이름을 외웠습니다. 그룹만 알아선 안 됩니다. "나도 OOO 팬인데" 하면 "그중에 어떤 멤버를 좋아하시는데요?"라고 바로 되묻기 때문에 그룹명은 물론 멤버들의 이름까지 알아야 합니다. 평소 말이 거의 없는 고3 남학생이 있었습니다. 주변 친구들과도 거의 말을 하지 않아서 그 친구의 관심사를 파악하는 일이 여간 어렵지 않았습니다. 그러던 어느 날 그 친구가 축구 유니폼 상의를 입고 교회에 왔습니다. 자세히 보니 FC바르셀로나 유니폼이었습니다. 그 학생의 관심사는 축구이고, FC바르셀로나 팬임을 알 수 있었죠. "나도 FC바르셀로나 팬인데 너도 팬이구나. 나는 FC바르셀로나의 OO선수 좋아하는데, 너는 누구 좋아해?" 그러자 그 학생이 저의 눈을 쳐다보면서 말하기 시작했습니다. 관심사를 가지고 대화를 시도하면 100% 성공입니다. 그 학생은 축구 얘기에서 다른 주제로 넘어가 질문을 해도 곧잘 대답을 했습니다. 마침내 대화를 나누게 되었고 소통이 이뤄진 것입니다.

저에게 친구는 너무 중요해요

청소년기에는 친구가 그 어떤 관계보다도 중요합니다. 이 시기에 만난 친구들은 평생 친구가 되기 쉽습니다. 청소년이 하루 중 가장 많은 시간을 보내는 곳이 학교입니다. 그리고 학교에서 만나는 친구들이 가장 중요한 인간관계입니다. 그래서 청소년들은 친구의 영향을 크게 받습니다. 공부 안 하던 학생이 공부 잘하는 친구를 만나서 공부를 열심히 하는 경우가 있는가 하면, 반대로 공부 잘하던 학생이 공부 안 하는 친구와 어울리다가 성적이 떨어지는 경우도 있습니다. "친구 따라 강남 간다"는 말이 이런 경우를 두고 한 말인가 싶을 정도입니다. 만약에 청소년 사역자가 학생이 친하게 지내는 친구에 대해 부정적인 말을 한다면 그 학생과 사역자의 관계가 멀어질 수 있습니다. 청소년기에는 그 누구보다 친구가 중요하기 때문에 그 관계에 부정적인 영향을 주는 말을 하면 반발하게 됩니다.

청소년 사역자는 청소년들과 대화할 때 친구 관계를 인정해 주는 말을 해야 합니다. 그러면서도 교육적인 측면에서 누가 좋은 친구인지, 상대방에게 선한 영향을 주는 친구가 되는 것이 왜 중요한지를 가르쳐야 합니다. 더 나아가 요한복음 15장 15절에서 제자들을 일컬어 "친구"라고 하신 예수님이 곧 우리의 최고의 친구임을 알려 주고, 최고의 친구인 예수님을 믿고, 예수님과 교제하면서 살아야 함을 강조해야 합니다.

제 기분이 좋았다
나빴다 해요

청소년은 개인마다 정도의 차이는 있지만 대체로 감정 기복이 큽니다. 갑자기 기분이 좋았다가 또 갑자기 기분이 나빠집니다. 평안하다가 사소한 일에 갑자기 화를 냅니다. 기분의 up과 down이 있습니다. 이는 호르몬의 영향이라서 당연한 현상입니다. 여기에 입시 스트레스까지 가중되어 더욱 감정 조절이 쉽지 않습니다. 학교-학원-집을 반복하는 단조로운 삶의 패턴이 우울감을 가중시켜 심리적인 불안감, 정신적인 스트레스를 호소하는 청소년들이 많습니다.

청소년 사역자는 "왜 너는 감정 기복이 심하니?", "너는 감정이 자주 바뀌는 것 같아" 같은 말을 조심해야 합니다. 심지어 "그렇게 감정 기복이 심하면 안 된다", "감정이 왔다 갔다 하지 않도록 노력해" 같은 훈계로 나아가지 않도록 해야 합니다. 오히려 감정의 기복이 있어도 괜찮다고, 하나님은 우리의 모습 그대로를 받아 주신다고 말해 주어야 합니다. "네가 기쁜 감정을 드러낼 때나 우울한 감정을 드러낼 때나 언제든지 괜찮아", "너는 다양한 감정을 표현할 수 있는 참 예술적인 감성이 있는 사람 같아", "네가 어떤 감정 상태에 있든지 나는 너를 신뢰한단다", "하나님은 있는 모습 그대로 우리를 받아 주시는 참 좋으신 분이셔".

한편, 사역자는 청소년의 감정에 같이 휩쓸리면 안 됩니다. 사람은 감정의 존재라서 상대방과 이야기하다 보면 상대방의 감정이 전이됩니다. 화난 사람과 대화하면 같이 화가 나고, 슬픈 사람과 대화하면 같이 슬퍼집니다. 반대로 기쁘고 즐거운 감정을 가진 사람과 대화하면 같이 기쁘고 즐겁습니다. 그럼에도 사역자는 청소년의 감정 상태를 따라가면 안 됩니다. 중심을 잡고 대화하도록 노력해야 합니다.

어? 딴지 거는 게 아니라
탐구하는 거예요

청소년기는 물음표를 던지는 시기입니다. 물음표를 던진다는 것은 사실인지 아닌지를 확인한다는 것입니다. 예를 들어 보겠습니다. 교회에 헐레벌떡 뛰어온 초등학교 3학년 학생이 목사님한테 "목사님! 목말라요. 물 주세요" 해서 목사님이 주변에 있는 생수병을 주면 그 학생은 벌컥벌컥 마실 것입니다. 그런데 똑같은 상황에서 중학교 3학년 학생이 물을 달라고 해서 물을 주면, 그 학생은 물을 바로 안 마시고 물통 안에 이물질이 있나 확인도 해보고 물 냄새도 맡아 볼 것입니다. 이 중학생은 목사님을 못 믿어서 그러는 걸까요? 아닙니다. 이 학생은 목사님이 건넨 물이 정말 물이 맞는지 물음표를 던지고 사실 확인을 하는 것입니다. 그런데 목사님의 입장에서는 '나를 못 믿나?' 해서 기분 나쁠 수 있습니다.

청소년 자녀를 키우는 부모와 자녀가 갈등하는 것도 이 지점에서입니다. 초등학생 때는 엄마 아빠가 한 말이면 무조건 믿고 따르던 아이가 중학생이 되면서 자꾸 엄마 아빠 말에 딴지를 거는 겁니다. 부모로선 아이가 반항한다고 느껴져 속이 상합니다. 하지만 아이는 반항하는 게 아니라 직접 사실을 확인하고 싶은 것입니다. 그러니 어른들은 청소년들이 반항한다고 생각할 게 아니라 성장해서 이제 깊이 있게 탐구하는 능력이 생겼다고 생각해야 합니다.

신앙도 마찬가지입니다. 초등학교 저학년 학생들은 신앙에 대해 설명하면 그냥 믿고 받아들입니다. 하지만 초등학교 고학년만 돼도 자꾸 이상한 질문을 던지고 의심을 합니다. 이 역시 신앙에 대한 탐구심이 생겨서 사실을 확인하고 싶어 하는 것이라고 받아들여야 합니다. 종종 "저 이제 교회에 안 나올래요"라고 말하는 학생들이 있습니다. 그것은 진짜 교회 안 나오겠다는 말이 아닙니다. 정말 나올 생각이 없으면 말도 하지 않습니다. 이 말은 "지금까지는 아무 생각 없이 엄마 아빠 손에 이끌려서 교회에 나왔는데, 이제는 교회가 어떤 곳인지 제가 탐구하고 확인하고 나올래요"라는 뜻입니다. 또 어떤 학생들은 "하나님이 계시는지 잘 모르겠어요"라고 말합니다. 이 말도 진짜 하나님이 안 계신다고 생각한다기보다 "지금까지는 엄마, 아빠, 목사님, 전도사님한테 들은 하나님을 믿었지만 이제부터는 나의 하나님을 찾고 싶어요. 하나님이 진짜 어떤 분인지 알고 싶어요"라고 말하는 것입니다. 간접적으로 듣기만 한 하나님을 직접 찾고 만나고 싶다는 것입니다. 욥기 42장 5절의 욥처럼 말입니다. "내가 주께 대하여 귀로 듣기만 하였사오나 이제는 눈으로 주를 뵈옵나이다."

그래서 청소년과 소통할 때는 질문을 허용해야 합니다. 무조건 듣고, 받아들이고, 믿으라 하는 것은 물음표를 던지는 청소년에게 통하지 않습니다. 그렇게 말하는 사역자와는 소통하지 않으려 할 것입니다.

또한 청소년이 신앙에 대해 의심하는 말을 할 경우, 무엇이 궁금한지 차분하게 묻고 친절하게 답변해야 합니다. 청소년은 친절하게 말하는 사람의 말을 듣습니다. 친절하게 말하는 습관만 잘 갖추어도 학생들과 소통이 잘 이루어지게 됩니다. 사역자는 청소년들이 물음표를 던지는 것에 대해 허용하고, 아는 범위 안에서 친절하게 설명해 주면 됩니다. 그런 다음 사역자가 만난 하나님에 대해서 이야기해 주면 좋습니다.

이때 자기 이야기로 끝내야지 "그래서 너도 나처럼 해야 해" 하면 안 됩니다. 주입과 강요가 되기 때문에 학생들은 반발할 것입니다. 강요하지 않아도 학생들은 '하나님은 살아 계시는구나. 나도 목사님처럼 나의 하나님을 찾아야겠다'는 결심을 하고 더 열심히 하나님을 찾게 됩니다.

왜 그런지 설명해 주세요

청소년은 논리적으로 사고합니다. 논리적으로 사고한다는 것은 객관적인 타당성을 따지는 것을 말합니다. 청소년은 사역자의 말이 객관적으로 타당한지를 따져 보고 그렇지 않으면 반발합니다. 예를 들어, 사역자가 예배 시간에 앞에 앉아서 핸드폰 하는 것을 학생들이 보았다고 합시다. 그런데 사역자가 설교 시간에 "예배 시간에는 하나님께 집중해야지, 핸드폰을 하면 안된다"고 말한다면 학생들은 그 사역자의 말을 신뢰하지 않습니다. 사역자가 객관적 타당성을 잃었다고 생각하기 때문입니다.

그래서 논리적 사고를 하는 청소년에게 조언을 하거나 교육을 하거나 무엇인가를 주문할 때, 사역자는 본인이 먼저 말한 내용을 지키고 있는지를 돌아보아야 합니다. 자신도 지키지 못하는 것을 지키라 하는 사역자의 말을 듣지 않을 것이기 때문입니다. 청소년에게 "성경을 사랑하고 성경을 읽는 사람이 되자"라고 말하고 싶다면, 사역자가 먼저 성경을 사랑하고 성경을 열심히 읽는 사람이 되어야 합니다. 청소년에게 "예배 시간에 집중해서 예배를 드리자"라고 말하고 싶다면, 사역자가 먼저 예배 시간에 온전히 집중해서 예배드리는 사람이 되어야 합니다.

신앙 교육을 할 때도 단순히 "믿어" 하지 말고 '왜 그런지' 근거를 가지고 설명해 줘야 합니다. 예를 들어, 복음의 메시지를 설명할 때, "예수님이 우리의 모든 죄를 다 짊어지고 십자가에서 돌아가셔서 우리 죄가 다 씻겨졌어"라고 말하고 끝내지 말고, 청소년이 논리적으로 이해할 수 있도록 성경적인 근거를 가져와 설명해야 합니다. "로마서 3장 23절은 '모든 사람이 죄인'이라고 했어. 사람은 자신의 죄를 스스로 해결할 수 없어. 왜냐하면 모든 사람은 죄인이기 때문이지. 그래서 죄 없으신 예수님이 인간의 죄 문제를 해결해 주신 거야. 예수님은 인간의 몸으로 이 땅에 오셨지만, 동시에 하나님이시거든. 그래서 예수님의 신분은 100% 인간이면서 100% 하나님이신 거야. 인간의 죄를 대신 짊어지는 조건을 충족시키기 위해 인간이신 것이고, 죄가 없으셔야 하기에 하나님이신 거야. 그리고 로마서 6장 23절은 '죄의 값은 사망'이라고 했어. 죄의 값을 치르려면 사망이 필요한 거야. 그래서 예수님이 인간의 죄 값을 치르기 위해서 십자가에서 죽으신 거지. 이렇게 죄 값이 치러지면 어떻게 될까? 사망의 반대인 생명이 오겠지? 그래서 부활이 중요한 거야. 부활은 생명인 거잖아. 부활은 우리 죄의 값이 완전히 치러졌다는 증거야. 그래서 예수님의 십자가 죽음과 부활은 나의 죽음과 부활이 되는 거란다." 논리적으로 차근차근 설명만 잘해도 학생들과 소통이 됩니다.

앞으로 펼쳐질
저의 미래가 궁금해요

청소년들은 미래에 대한 관심이 많습니다. 3년 후, 5년 후, 10년 후, 20년 후에 어떤 미래가 펼쳐질지 상상하고 계획하고 꿈을 꿉니다. 자기 자신이 누군지, 미래에 무엇을 하며 어떻게 살지 관심이 많기 때문에 깊이 고민합니다.

저는 학창 시절에 쓴 일기를 지금도 버리지 않고 간직하고 있습니다. 종종 그 일기장을 펴서 읽어 보면 손발이 오그라들 때도 있고 소리 내 웃기도 합니다. 그런데 그 내용의 대부분은 '어느 대학 가서 무슨 전공을 할 것이다. 졸업하면 이런 직업을 가질 것이다. 20년 후에는 뭐 할 것이다. 30년 후에는 뭐 할 것이다' 등의 미래에 대한 이야기입니다.

이렇게 미래를 그려 나가다 보면 마침내 마지막 종착지인 죽음에 이르게 됩니다. 자연스럽게 죽음에 대해 관심을 갖고 깊이 생각하게 됩니다. 처음으로 마주한 죽음, 그로 인한 두려움은 매우 압도적입니다. 과연 죽음을 뛰어넘는 미래는 없는가, 죽음 뒤에 계속되는 미래는 무엇인가, 깊은 고민에 빠지게 됩니다.

청소년 사역자는 청소년들과 소통할 때 미래에 대한 이야기를 많이 해야 합니다. 가장 가깝게는 중·고등학교 이후의 진로입니다. 사역자가 학창 시절에 고민하고 탐색한 진로 이야기부터 어떤 과정을 거쳐 지금의 자리에 이르게 됐는지 그 경험을 이야기해 주면 청소년들은 귀담아듣고 자신의 진로 설계에 참고합니다. 그밖에 20년, 30년, 40년, 50년 후의 미래에 대해 이야기할 수 있습니다. 주로 학생들의 이야기를 듣고 필요한 경우 사역자의 경험을 곁들이면 좋습니다.

그리고 인생의 마지막인 죽음에 대한 이야기가 중요합니다. 자연스럽게 신앙 이야기로 넘어갈 수 있기 때문입니다. "죽음이 많이 두렵지? 죽으면 너의 미래가 끝나는 것 같지? 그런데 그렇지 않단다. 우리의 존재는 죽음 이후에도 계속된단다. 그리고 하나님은 예수님을 믿으면 영원한 생명을 얻는다고 약속하셨단다. 요한복음 5장 24절에서 예수님은 '내가 진실로 진실로 너희에게 이르노니 내 말을 듣고 또 나 보내신 이를 믿는 자는 영생을 얻었고 심판에 이르지 아니하나니 사망에서 생명으로 옮겼느니라'고 말씀하셨어. 이제 희망이 생기지? 우리는 예수님을 믿기에 영원한 생명을 얻고, 우리의 미래가 계속되기에 두려워할 필요가 없어. 신나지?"

많은 사람들이 청소년 시절에 예수님을 인격적으로 만났다고 말합니다. 처음으로 깊이 있게 고민하게 된 죽음에 대한 해답이 기독교 신앙에 있기 때문입니다. "예수님을 만나 죽음의 문제를 해결하게 해주세요. 예수님! 영원한 생명에 대한 확신을 주세요." 죽음이 두렵기 때문에 청소년들은 예수님을 간절히 찾습니다. 그리고 예수님을 인격적으로 뜨겁게 만나게 됩니다.

"너희가 온 마음으로 나를 구하면 나를 찾을 것이요 나를 만나리라"(렘 29:13).

자신을 성찰해 보기

1. 나는 얼마만큼 청소년을 안다고 생각합니까?

   ....

   ....

2. 청소년을 이해하기 위해 어떤 노력을 했습니까?

   ....

   ....

3. 청소년과 소통이 안 되는 부분은 무엇이고, 그 이유는 무
   엇이라고 생각합니까?

   ....

   ....

4. 청소년을 제대로 이해하고 그들과 소통하기 위해 구체적
   으로 결심한 내용은 무엇입니까?

   ....

   ....

   ....

"

청소년을 진정으로 사랑한다면

그들을 이해하게 되고,

그 이해를 바탕으로

소통이 이루어질 수 있습니다

"

6장

수련회는
청소년 사역의 꽃이다

청소년 사역에서 수련회는 매우 중요합니다. 저는 고등학교 1학년 겨울 수련회 때 하나님을 인격적으로 만났습니다. 모태 신앙인이던 저는 중학교 2학년 때부터 2년여 '나의 하나님'을 찾기 위해 신앙적인 방황을 했습니다. 그러다 당시 집에서 구독하던 기독교 신문에 게재된 기독청소년연합수련회 광고를 보고 직접 전화해 신청을 했습니다. 그만큼 간절했습니다. 3박 4일 간의 수련회 중 셋째 날 저녁 집회에서 하나님을 뜨겁게 만났습니다. 이후로 제 삶은 변화되었고, 목회자가 되어 예수님을 모르는 청소년은 물론 신앙적으로 방황하는 청소년에게 말씀을 전하는 청소년 사역을 사명으로 받게 되었습니다. 특히 제가 수련회에서 하나님을 만난 까닭에 방학이면 수련회에서 거의 살다시피 하고 있습니다. 여러 청소년 수련회에서 강사로 서기도 하고, 제가 주최한 수련회를 이끌어 가기도 합니다.

수련회는 청소년이 집중하여 하나님을 찾고 만나는 좋은 기회가 됩니다. 수련회에서 하나님의 말씀을 듣고 조별로 공부하면서 하나님의 말씀이 얼마나 귀한지를 깨닫게 됩니다. 특별히 수련회에서는 찬양을 많이 하는데, 이때 하나님을 온전히 높이는 훈련을 하게 됩니다. 무엇보다 수련회에서 공동체를 경험할 수 있습니다. 개인주의적인 경향이 강한 청소년에게 공동체의 한 사람으로서 사람들과 어울리고 생활하는 경험은 매우 값집니다. 그 안에서 하나님의 사랑을 경험하고, 섬김과 나눔을 실천하게 됩니다.

제가 특별히 수련회를 강조하는 이유 중 하나는 아이들이 입시 위주의 경쟁 문화에서 벗어나 공동체의 일원으로서 즐기고 놀 수 있기 때문입니다. 신나게 레크리에이션을 하고, 운동하고, 또래 친구들과 대화하면서 쉼을 누릴 수 있기 때문입니다.

한 가지 더 강조하고 싶은 게 있다면, 수련회는 정체성 찾기에 도움을 줄 수 있습니다. 사춘기에 가장 많이 고민하는 주제가 바로 '나는 누구인가'입니다. 나는 누구이며, 이 세상에서 어떤 의미로 살아갈 것인가 고민합니다. 나의 정체성과 인생의 방향을 고민하는 청소년들에게 수련회는 답을 제공해 줄 수 있습니다. 하나님과의 관계에서 내가 누구인지를 찾고, 그 하나님의 뜻이 어디에 있는지를 발견할 수 있습니다.

그래서 저는 청소년 사역에서 수련회는 아무리 강조해도 지나침이 없다고 생각합니다. "한 번의 수련회가 학생의 인생을 바꿀 수 있습니다!" 제가 자신 있게 만든 문구입니다. 제 경험이 담긴 문구입니다. 청소년 사역자는 '수련회주의자'가 되어야 합니다. 청소년 사역자는 수련회 전문가가 되어야 합니다. 전문가가 되기 위해 수련회에 관한 공부뿐만 아니라, 다양한 수련회에 직접 참여하고 진행해 보아야 합니다. 청소년 수련회가 방방곡곡에서 활발하게 진행되어 청소년에게 부흥의 역사가 일어나기를 간절히 소망합니다.

수련회에는 다양한 버전이 있다

코로나를 지나면서 한국 교회 청소년부 안에 수련회를 강조하던 문화가 퇴색한 면이 있습니다. 수련회를 안 하는 교회도 많아진 것을 보면 마음이 아픕니다. 수련회는 학생들의 신앙 형성과 신앙 성숙과 성장에 가장 중요한 기독교 교육의 내용이자 방법입니다. 청소년 수련회는 청소년 사역의 꽃이라고 말할 수 있습니다. 청소년은 수련회를 통해 하나님을 인격적으로 만날 수 있습니다. 교회는 이 기회를 계속 제공해야 합니다.

어떤 환경에서도 수련회 사역을 우선순위로 두고 시행할 방법이 있습니다. 그것은 수련회 형태에 대한 고정관념을 벗어버리면 됩니다. 코로나 상황에서 많은 교회가 수련회를 멈춘 이유는 수련회는 1박 2일, 2박 3일, 3박 4일로 진행해야 한다는 고정관념 때문이었습니다. 그러나 수련회는 무박으로도 진행할 수 있습니다. 토요일 아침부터 저녁까지 하루 동안 진행할 수도 있고, 주일예배를 개회 예배로 이용해 주일 밤까지 진행할 수도 있습니다. 또한 금요일과 토요일에 하루 종일 진행하고 주일예배를 폐회예배로 해서 마무리할 수도 있습니다. 주일에만 한 달 동안 진행하는 무박수련회도 가능합니다. 여름수련회의 경우, 7월이나 8월 한 달 동안 주일예배를 수련회 집회처럼 진행하고, 예배 후에는 수련회 때 하는 프로그램을 하는 것입니다.

무박수련회는 소그룹으로도 진행할 수 있어서 여름수련회의 경우 7월이나 8월 한 달 동안 매주 토요일에 진행하되, 일일 수련회로 진행하는 것입니다. 학생들은 원하는 날짜를 신청해 하루만 참석하면 됩니다. 대학입시 준비로 수련회 참석이 부담스러운 고3의 경우, 그들만을 위한 무박수련회를 마련할 수도 있습니다. 금요일, 토요일 저녁에 모여 저녁 집회를 하고, 그 후에 나눔을 하는 형태로 진행하는 것입니다.

이외에도 온라인으로 기획해서 수련회를 진행할 수도 있습니다. 온라인 수련회는 그야말로 시공간의 제약이 없기 때문에 하루 동안 해도 되고, 이틀, 사흘, 나흘 등 자유롭게 기획해서 진행할 수도 있습니다. 다만, 저도 온라인 수련회를 진행해 보앗지만, 하루 종일 하는 것은 학생들은 물론 사역자나 교사들도 피로도가 높아서 집중력이 생기지 않습니다. 따라서 온라인 수련회는 오전부터 오후, 오후부터 저녁, 저녁부터 밤, 이런 식으로 몇 시간 집중해서 하는 것이 좋습니다. 하루만 하는 것이 아쉽다면 이틀 혹은 3일에 걸쳐서 진행하면 됩니다.

온라인 수련회에서 주로 사용하는 온라인 플랫폼은 유튜브나 줌인데, 유튜브는 라이브로 댓글을 남기면서 참여할 수 있는 강점이 있고, 줌은 쌍방향 소통이 가능합니다. 줌에서는 소그룹으로 나누어 진행할 수 있어서 조별 활동도 가능합니다. 이외에도 메타버스 플랫폼을 사용할 수 있는데, 정적으로 하는 레크리에이션이나 성경퀴즈대회에 효과적입니다. 온라인 수련회를 할 때, 하나의 플랫폼이 아니라 여러 플랫폼을 섞어서 사용하는 것도 수련회 참여 집중도를 높이는 방법입니다. 예배, 집회, 전체 강의를 할 때는 유튜브를 사용하고, 조별 활동이나 소그룹 나눔을 할 때는 줌을, 레크리에이션이나 성경퀴즈대회는 메타버스 플랫폼을 이용하는 것입니다.

온라인과 대면을 병행할 수도 있습니다. 일종의 '하이브리드 수련회'라고 할 수 있습니다. 설교와 전체 강의는 온라인으로 진행하고, 조별 활동이나 소그룹 나눔, 레크리에이션은 현장에서 대면으로 진행하는 것입니다.

청소년에 의한, 청소년을 위한,
청소년의 프로그램

수련회 프로그램을 구성할 때 신경 써야 할 것이 바로 청소년의 신앙 성장과 성숙, 삶의 회복에 필요한 주제를 넣는 것입니다. 예배, 복음, 하나님의 말씀, 공동체, 관계, 진로, 건강, 자유, 섬김과 봉사 등이 그것입니다. 수련회를 어떻게 진행하든 가장 강조할 것은 예배입니다. 소위 저녁 집회입니다. 저녁 집회 때 하나님을 뜨겁게 찬양하고, 하나님의 말씀을 듣고, 집중해서 기도하는 시간을 갖는 것입니다. 이러한 열정적인 예배를 통해서 청소년은 하나님을 인격적으로 만날 수 있고, 하나님이 자신을 얼마나 사랑하시는지, 하나님 앞에서 자기 자신이 얼마나 소중한 존재인지를 진심으로 깨닫게 됩니다. 그리고 복음을 강조해야 합니다. 예수 그리스도가 인간의 죄를 대신 지고 십자가에서 돌아가셨고, 사흘 만에 부활하심으로 우리 죄가 완전히 씻어졌음이 증명되었다는 놀라운 복음을 전인격적으로 깨닫고 받아들일 수 있어야 합니다. 이단이 판을 치는 시대적 상황에서 복음의 내용을 정확하게 알려 줄 필요가 있습니다. 복음은 하나님의 놀라운 은혜요 선물임을 인식할 수 있어야 합니다.

"너희는 그 은혜에 의하여 믿음으로 말미암아 구원을 받았으니 이것은 너희에게서 난 것이 아니요 하나님의 선

물이라 행위에서 난 것이 아니니 이는 누구든지 자랑하
지 못하게 함이라"(엡 2:8-9).

    또한 수련회를 통해 청소년이 성경을 읽고 공부하는 훈련을
함으로써 말씀을 굳게 붙들고 살아갈 수 있도록 해야 합니다.
그리고 앞에서도 말했지만, 친구들과 어울리고 사역자와 교사
들과 함께하는 가운데 공동체의 소중함을 깨닫고, 하나님 안에
서 인생의 진로를 발견할 수 있도록 해야 합니다.

    한편, 청소년에게 가장 중요하지만 잘 놓치는 것이 바로 건
강입니다. 청소년에게는 영적인 건강, 정신적인 건강, 육체적
인 건강이 필요합니다. "사랑하는 자여 네 영혼이 잘됨같이 네
가 범사에 잘되고 강건하기를 내가 간구하노라"(요삼 1:2)는 말
씀처럼 영적인 건강을 바탕으로 정신으로도, 육체로도 건강해
야 합니다. 요즘 청소년들은 우울과 분노와 같은 정신적인 문
제도 많이 가지고 있습니다. 인스턴트식품을 주로 먹고 앉아서
공부만 하다 보니 육체적인 건강의 문제도 큽니다. 따라서 수련
회를 통해서 전인적인 건강을 회복하는 시간을 가져야 합니다.

    수련회에서 청소년은 자유를 경험해야 합니다. 하나님 안에
서 진정한 자유를 경험해야 하고 공동체 안에서 쉼을 누려야 합
니다. 저는 수련회의 모든 프로그램을 마친 뒤에는 잠자는 시간
을 따로 정하지 않습니다. 학생들에게 자유를 주는 것입니다.
물론 모든 수련회에 적용할 수는 없지만, 이렇게 하는 데는 이

유가 있습니다. 매일 학교와 학원, 집을 다람쥐 쳇바퀴 돌듯 반복하는 학생들에게 수련회에서 경험하는 자유는 매우 값진 것이 됩니다. 저녁 집회를 통해서는 영적인 자유를 경험하고, 집단 상담을 통해서 내면의 문제를 끄집어냄으로써 정신적인 자유를 경험하며, 밤 시간 또래와 함께 운동을 하거나 보드게임을 하거나 대화를 나누면서 육체적인 자유를 경험하는 것입니다. 밤 시간에 자유를 줬더니 "밤에 잠자는 시간을 정하지 않아서 너무 좋다. 행복하다", "밤에 놀게 해줘서 좋아서 또 참여했다"는 피드백을 많이 받았습니다.

이렇게 밤에 잠을 자지 않으면 다음 날 수련회 프로그램을 진행하는 데 지장이 있지 않을까 우려하는 목소리가 있습니다. 그래서 저는 다음 날 오전은 옵션형으로 편하게 진행합니다. 늦잠이 필요한 학생들은 늦잠 자게 해주는 것입니다. 일찍 일어난 학생들은 기도하고 묵상할 수 있도록 따로 방을 마련해 잔잔한 찬양곡을 틀어 줍니다. 식당에는 토스트 같은 간단한 아침거리를 마련해 자유롭게 먹도록 해줍니다. 또 다른 방에는 보드게임을 두어서 자유롭게 놀게 해줍니다.

마지막으로 수련회를 통해 섬김과 봉사를 경험하는 것도 중요합니다. 수련회를 하다 보면 자연스럽게 서로 섬기고 봉사할 일이 생깁니다. 예를 들어, 식사 후 식탁을 치우고 접시 닦는 일을 조별로 순번을 정해서 하는 것입니다. 또한 조별로 구역을 나눠서 청소할 수 있습니다. 그밖에 교회 밖 사람들에게 섬김과 봉사를 실천할 수 있습니다. 소위 봉사수련회를 기획하고 진행할 수 있습니다.

이렇듯 청소년들에게 필요한 주제를 한 수련회에 다 담을 수도 있고, 한두 가지 주제를 집중적으로 하는 수련회를 기획할 수도 있습니다. 모든 주제를 한 수련회에 담을 경우, 학생들이 선택 특강으로 참여하게 할 수도 있습니다. 1박 2일, 2박 3일, 3박 4일 수련회 프로그램의 예를 들면 다음과 같습니다.

* 1박 2일 수련회 예

첫째 날	둘째 날
	자유 활동(늦잠, 묵상, 대화, 놀이, 아침 운동 등), 아침 식사
	주제별 선택 특강(예배 이해, 복음 이해 및 이단 분별법, 성경 개관, 공동체 의미, 인간관계법 및 대화법, 진로 선택법 및 학습법, 건강 관리 및 중독 해방, 자유와 책임의 삶, 섬김과 봉사의 실천 등)
	점심 식사
개회 예배 & 오리엔테이션	공동체 놀이 또는 물놀이
조별 활동	조별 모임
저녁 식사	저녁 식사
저녁 운동	저녁 집회(예배): 주제-복음
저녁 집회(예배): 주제-복음	조별 장기자랑
조별 나눔	조별 기도회 및 마무리
자유 놀이	

* 2박 3일 수련회 예

첫째 날	둘째 날	셋째 날
	자유 활동(늦잠, 묵상, 대화, 놀이, 아침 운동 등) 아침 식사	자유 활동(늦잠, 묵상, 대화, 놀이, 아침 운동 등) 아침 식사
	주제별 선택 특강 1 (예배 이해, 복음 이해 및 이단 분별법, 성경 개관, 공동체 의미, 인간관계법 및 대화법, 진로 선택법 및 학습법, 건강 관리 및 중독 해방, 자유와 책임의 삶, 섬김과 봉사의 실천 등)	주제별 선택 특강 2 (예배 이해, 복음 이해 및 이단 분별법, 성경 개관, 공동체 의미, 인간관계법 및 대화법, 진로 선택법 및 학습법, 건강 관리 및 중독 해방, 자유와 책임의 삶, 섬김과 봉사의 실천 등)
	점심 식사	폐회 예배
개회 예배 & 오리엔테이션	공동체 놀이 또는 물놀이	점심 식사
조별 활동	조별 모임	
저녁 식사	저녁 식사	
저녁 운동	저녁 집회(예배): 주제-복음	
저녁 집회 (예배): 주제-복음	조별 장기자랑	
조별 나눔	집단 상담	
자유 놀이	자유 놀이	

* 3박 4일 수련회 예

첫째 날	둘째 날	셋째 날	넷째 날
	자유 활동 (늦잠, 묵상, 대화, 놀이, 아침 운동 등) 아침 식사	자유 활동 (늦잠, 묵상, 대화, 놀이, 아침 운동 등) 아침 식사	자유 활동 (늦잠, 묵상, 대화, 놀이, 아침 운동 등) 아침 식사
	주제별 선택 특강 1(예배 이해, 복음 이해 및 이단 분별법, 성경 개관, 공동체 의미, 인간관계법 및 대화법, 진로 선택법 및 학습법, 건강 관리 및 중독 해방, 자유와 책임의 삶, 섬김과 봉사의 실천 등)	주제별 선택 특강 2(예배 이해, 복음 이해 및 이단 분별법, 성경 개관, 공동체 의미, 인간관계법 및 대화법, 진로 선택법 및 학습법, 건강 관리 및 중독 해방, 자유와 책임의 삶, 섬김과 봉사의 실천 등)	공동체 시간 (롤링페이퍼, 축복의 시간, 시상식)
	점심 식사	점심 식사	폐회 예배
개회 예배 & 오리엔테이션	물놀이	공동체 놀이	점심 식사 및 마무리
조별 활동	성경퀴즈대회	조별 모임	
저녁 식사	저녁 식사	저녁 식사	
저녁 운동	저녁 집회(예배) : 주제-복음	저녁 집회(예배) : 주제-복음	
저녁 집회(예배) : 주제-복음	조별 기도회	조별 장기자랑	
조별 나눔	집단 상담	캠프파이어	
자유 놀이	자유 놀이	자유 놀이	

섬김과 봉사를 배우는 봉사수련회

섬김과 봉사는 매우 중요한 신앙과 삶의 주제입니다. 갈수록 개인주의 문화가 팽배해지면서 섬김과 봉사에 대한 강조와 필요가 절실해졌습니다. 이에 따라 3박 4일로 구성된 봉사수련회를 제안합니다. 봉사수련회는 섬기는 교회가 후원하는 교회로 가면 좋습니다. 그 교회를 봉사수련회 숙소로 정하고 그 교회가 있는 마을에 들어가서 필요로 하는 봉사를 하는 것입니다.

8월에 봉사수련회를 떠난다면, 5월 초에 사역자와 부장 교사, 대표 교사들이 마을 교회에 가서 담임목회자를 만나 봉사수련회의 취지를 설명하고 교회를 숙소로 사용하는 문제 등 봉사수련회를 위한 협조를 부탁드립니다. 그런 다음 마을의 이장을 소개받아 이장을 통해 구체적으로 마을에 일손이 필요한 부분을 전달받습니다. 이때 청소년들이 봉사를 잘할 수 있도록 준비하겠다는 말을 꼭 해야 합니다. 마을에서는 청소년들이 오는 것을 싫어하거나 귀찮아할 수 있기 때문입니다.

답사를 마치고 교회에 돌아와서는 이장이 알려 준 봉사의 내용을 바탕으로 봉사팀을 나눕니다. 예를 들면, 마을 화단에 물 주기, 마을 회관 청소하기, 마을 외벽에 그림 그리기 등으로 봉사활동을 나누어서 각자 원하는 봉사팀을 선택하게 합니다. 봉사팀별로 교사를 배치한 뒤 정기 모임을 갖고 봉사 준비를 합니다. 마을 화단에 물 주기 봉사의 경우, 각 식물에 맞게 물 주는 법을 유튜브나 여러 정보를 통해 확인하고 정리합니다. 마을 외벽에 그림 그리는 봉사의 경우, 어떤 의미 있는 그림을 그릴지 연구하고 연습하는 시간을 갖습니다.

이제 8월이 되어 봉사수련회를 떠나면, 오전과 오후는 봉사의 시간을 갖고, 저녁에는 집회 시간을 갖습니다. 청소년 수련회의 핵심은 저녁 집회이기 때문에 어떤 경우에라도 저녁 집회를 놓쳐선 안 됩니다. 저녁 집회는 예수님의 사랑, 예수님의 희생, 예수님의 섬김과 관련된 본문을 가지고 말씀을 전합니다. 오전과 오후 동안 봉사와 섬김을 구체적으로 실천하고, 저녁에 같은 주제의 말씀을 들으면서 전인적인 교육이 되도록 하는 것입니다.

봉사수련회에서 학생들은 봉사하느라 에너지를 많이 쓰기 때문에 식사를 잘 제공해야 합니다. 고기 반찬이 풍성하게 들어간 음식만 잘 제공해도 학생들은 금방 에너지를 회복하고 만족해합니다. 그러므로 학생들에게 맛있는 식사를 제공해 줄 주방 봉사팀이 같이 가면 아주 좋습니다.

봉사수련회를 3박 4일 동안 하라는 이유가 있습니다. 수요일을 포함해서 수련회를 진행하면 수요예배 시간을 마을 축제로 만들 수 있기 때문입니다. 수요예배 전에 마을 분들을 초청해서 삼계탕과 같은 맛있는 식사를 제공해 드리고, 식사비는 봉사하는 교회가 충당하지만 광고는 마을 교회가 제공하는 것으로 알리면, 마을 교회에 대한 인식이 좋아집니다. 그렇게 식사한 후

예배 시간에 청소년들이 사전에 준비한 연극, 노래, 찬양 등을 하면 그야말로 마을 주민들과 함께하는 축제의 시간이 됩니다. 이로써 진정한 섬김과 봉사가 이루어지는 것입니다.

* 3박 4일 봉사수련회의 예

첫째 날	둘째 날	셋째 날	넷째 날
	아침 묵상 및 아침 운동	아침 묵상 및 아침 운동	아침 묵상 및 아침 운동
	아침 식사	아침 식사	아침 식사
	마을 오전 봉사	마을 오전 봉사	마을 봉사 정리
	점심 식사	점심 식사	폐회 예배
개회 예배 및 오리엔테이션	마을 오후 봉사	마을 오후 봉사	점심 식사 및 마무리
특강:봉사의 성경적 의미	휴식 시간	휴식 시간	
저녁 식사	저녁 식사	마을 주민들과 함께하는 저녁 식사	
저녁 운동	저녁 집회(예배):주제-예수님의 섬김	마을 주민들과 함께하는 축제의 예배	
저녁 집회(예배):주제-예수님의 사랑	조별 나눔		
조별 나눔	공동체 놀이	캠프파이어	

청소년에게 선택권을 주는
소그룹 테마 수련회

소그룹은 기독교 교육에서 중요한 교육 내용이자 방법입니다. 특히 코로나 팬데믹을 경험하면서 소그룹이 매우 중요해졌습니다. 지금까지 한국 교회 청소년부에서는 하나의 프로그램에 모든 학생이 참여하는 수련회를 진행했습니다. 즉 학생들에게 선택권을 주지 못했고, 학생들 각자의 영적인 필요와 관심을 고려하지 못했습니다.

세상 교육은 개별화된 교육, 맞춤식 교육이 이미 일상이 되었건만, 교회 교육은 여전히 그렇지 못한 점이 안타깝습니다. 비유로 들면, 덧셈, 뺄셈하는 학생과 미분, 적분하는 학생이 같은 수학 클래스에 있는 것입니다.

이제 수련회만이라도 학생들에게 그들의 영적인 필요와 관심, 삶의 주제에 부합하는 프로그램을 선택하도록 해야 합니다. 그러기 위해서는 수련회가 소그룹으로 진행되어야 합니다. 교회 규모에 맞게 소그룹 수련회 테마를 늘리거나 줄이면 되기 때문에 소그룹 수련회는 큰 교회든 작은 교회든 모두 진행할 수 있습니다.

소그룹 테마가 정해지면 교사들에게 각자 관심 있는 분야의 주제를 선택하게 해서 소그룹 테마 수련회를 담당하는 지도 교사로 세웁니다. 학생들에게는 1, 2, 3지망을 받아서 소그룹별로 인원을 배치합니다. 소그룹 테마는 학생들의 영적인 필요와 관심, 삶의 주제를 따라 다양하게 만들 수 있습니다.

 (1) 기도 배움 소그룹 수련회: 학생들과 함께 통성으로 기도하고, 침묵으로 기도하고, 중보기도하는 법을 배우고 훈련하는 수련회

 (2) 성경 통독 소그룹 수련회: 구약과 신약 전체 1독을 하거나, 구약이나 신약 중에 1독을 하는 스케줄을 가지고 진행하는 수련회

 (3) 상담 소그룹 수련회: 자신의 어려움과 고민을 함께 간 교사와 학생들에게 털어놓고, 교사와의 상담, 또래 공동체와의 대화를 통해 문제를 해결하고 회복하는 수련회

 (4) 진로 탐색 소그룹 수련회: 학생들과 함께 꿈 이야기를 나누고, 학생들이 미래에 희망하는 직업군의 사람들과 만나서 조언을 듣는 수련회

 (5) 캠핑 회복 소그룹 수련회: 산으로, 들로, 바다로 나가서 텐트를 치고 바비큐 파티를 하면서 힐링하고 대화를 나누는 수련회

 (6) 전도 실천 소그룹 수련회: 전도에 대해서 배우고 대중교통을 타고 돌아다니면서 전도를 실천하는 수련회

 (7) 국내 성지 순례 소그룹 수련회: 국내 성지를 돌아다니면서 미션을 수행하고 기독교 역사를 배우는 수련회

(8) 스포츠 소그룹 수련회: 운동(태권도, 풋살, 배드민턴, 탁구 등)을 하면서 영육 간에 강건함이 얼마나 중요한지를 깨닫고 훈련하는 수련회

(9) 사랑 봉사 소그룹 수련회: 봉사 기관에 가서 함께 봉사하며 예수님의 사랑을 실천하는 수련회

(10) 자연 속에서의 행복 소그룹 수련회: 등산을 하면서 땀을 흘리고, 자연 속에서 하나님의 창조의 숨결을 느끼는 수련회

부모 참여가
수련회 성공의 관건이다

많은 청소년 사역자들이 수련회를 기획할 때 고민하는 것이 있습니다. 부모가 학원, 학업 등을 이유로 학생들이 수련회에 가지 못하게 한다는 것입니다. 가장 안타까운 일은 학생은 가고 싶은데 부모가 못 가게 하는 경우입니다. 따라서 수련회를 진행할 때 먼저 부모를 설득할 수 있어야 합니다. 이를 위해 손편지를 써서 부모님을 감동시키면 좋습니다. 수련회 참석 여부를 묻는 종이 한 장 보내서는 설득이 안 됩니다. 친절한 어투로 정성을 다해 손편지를 써서 진정성 있게 부모를 감동시켜야 합니다.

"안녕하세요. 저는 OO를 담당하고 있는 OO교회 청소

년부 교사 김성중입니다. OO를 저희 교회에 보내 주셔서 진심으로 감사드립니다. 저희는 학생의 영적인 성장과 성숙을 위해 기도하면서 최선을 다해 기독교 교육을 감당하도록 하겠습니다. 이번 8월 1일(월)~3일(수)까지 여름수련회를 경기도 가평에 있는 OO수련원에서 진행합니다. 이번 수련회는 '예수님의 사랑'이라는 주제로 진행되는데, 성경 읽는 시간, 찬양하는 시간, 말씀 듣는 시간, 공동체 안에서 사랑의 섬김과 봉사를 실천하는 시간, 즐겁게 놀면서 쉼을 경험하는 시간으로 알차게 채워질 것입니다. 수련회는 기독교 교육의 꽃이라고 할 만큼 가장 중요한 기독교 교육의 내용과 방법입니다. 수련회를 통해 우리 청소년들이 하나님을 인격적으로 만나고, 공동체의 중요성을 알며, 인생의 정체성을 깨닫고 어떤 진로로 나아가서 어떻게 살아야 할 것인지에 대한 답을 찾을 수 있습니다. 이 중요한 기회를 부모님께서 OO학생에게 선물로 제공해 주시기를 소망합니다. 궁금하신 점은 언제든지 전화나 카톡으로 알려 주시기 바랍니다. 하나님의 은혜와 평안이 언제나 함께하시기를 기도드립니다."

한편, 6월 즈음에 부모 초청 간담회 등을 갖고 수련회를 어떻게 진행할 것인지를 알려 주는 시간을 가지면 좋습니다. 학생들이 참여하게 될 수련회 프로그램을 부모가 맛보기로 참여해 보

는 것도 방법입니다. 더 나아가 부모와 사역자, 교사가 함께 수
련회 떠나기 두 달 전부터 기도회를 가지면 좋습니다.

자신을 성찰해 보기

1. 나는 수련회에 대해 얼마만큼 관심을 가지고 있습니까?

   ....

   ....

2. 나는 내가 맡은 청소년부의 학생들을 수련회에 참여하게
   하려고 어떤 노력을 했습니까?

   ....

   ....

3. 지금까지 내가 기획하고 준비한 수련회에 참여한 청소
   년들은 얼마만큼의 만족도를 가지고 있다고 평가합니까?

   ....

   ....

4. 수련회 전문가가 되기 위해 내가 더 노력해야 할 점은 무
   엇입니까?

   ....

   ....

"

"한 번의 수련회가 학생의 인생을 바꿀 수 있습니다!"
청소년 수련회가 방방곡곡에서 활발하게 진행되어
청소년에게 부흥의 역사가 일어나기를 간절히 소망합니다.

"

7장

더 깊이, 더 넓게
청소년 사역을 하려면

교회-가정 연계를
목회의 중요한 방향이 되게 하라

기독교 교육에서 가장 기본적인 교육의 장은 가정입니다. 그래서 교회와 가정이 연계되어야 하고, 교회 교육이 가정 안에서 신앙 교육으로 연결되어야 합니다. 청소년 사역자는 가정 안에서 학생들의 신앙 교육을 책임지는 부모에게 관심을 가지고 부모가 가정 안에서 청소년들의 신앙 교사로서 역할을 잘 감당할 수 있도록 도와주어야 합니다.

교회-가정 연계가 잘되는 교회의 특징은 교회-가정 연계를 교육부 차원에서만이 아니라, 교회 차원에서 목회의 중요한 방향으로 삼는다는 점입니다. 많은 교회에서 '다음 세대'를 표어에 포함시킵니다. 특히 청소년부 존폐 위기를 경험하는 교회가 많아서 교회 차원에서 청소년들에게 관심을 가져야 한다고 강조합니다. 하지만 대개는 표어로, 말로만 그칠 뿐입니다. 교회 차원에서 '교회-가정 연계'를 목회 방향으로 삼고 구체적으로 실현해야 합니다. 가령, 어느 교회는 구역을 나눌 때 지역별이 아닌 자녀 나이대별로 나눕니다. 청소년 자녀를 둔 가정끼리 구역을 묶는 식입니다. 이것은 다음 세대를 세우는 것이 교회 목회의 중요한 방향이고, 교회-가정 연계를 어린아이 때부터 실현하는 목표를 드러내는 것입니다.

사실 교회-가정 연계는 청소년부가 가장 어렵습니다. 청소년기는 예민하고 부모로부터 독립하고 싶어 하는 때인지라, 부모와 청소년 간에 갈등이 심해지고 서로 상처 주는 관계가 되기 쉽습니다. 이 시기에 부모가 가정의 신앙 교육자로 세워지기가 어렵습니다. 따라서 교회-가정 연계는 유아부에서부터 시작되어야 청소년이 되었을 때도 자연스럽게 이뤄질 수 있습니다. 다시 말해 유아, 유치원생, 초등학생 시절에 가정 안에서 부모의 신앙에 영향을 잘 받고 신앙의 교제가 이루어져야 청소년이 되어서도 부모를 신앙 교육자로 인정하게 됩니다.

청소년 부모가 원하는
교육을 제공하라

청소년 부모와 연계하여 신앙 교육이 이뤄지려면 어떻게 해야 할까요? 가장 먼저 청소년 부모를 위한 교육 세미나와 교사 특강, 청소년 부모 대상의 부모대학 등이 제공되어야 합니다. 많은 부모가 청소년 자녀를 양육하면서 스트레스를 받고 있습니다. 특히 그들과 소통하는 것이 가장 어렵다고 호소합니다. 사실 소통은커녕 대화 자체가 안 된다고 입을 모읍니다. 따라서 청소년 자녀와 소통하고 대화할 수 있는 실제적인 교육이 부모에게 제공되어야 합니다. 이때 전제는 사역자가 먼저 청소년들과 소통이 되고, 대화가 되는 사람이어야 한다는 것입니다. 뿐만 아니라 상담학, 심리학, 커뮤니케이션학 등 소통을 위한 이론을 알고 그들과 소통한 실제 경험을 갖추고 있어야 합니다.

청소년 부모들은 '청소년에 대한 이해', '청소년의 문화', '청소년의 문제'(갈등, 여러 중독, 정신 건강, 학업, 진로 등) 등을 주제로 교육받고 싶어 합니다. 따라서 사역자는 이와 관련된 전문적인 식견을 소유해야 하고, 자신만의 교육 내용을 가지고 있어야 합니다. 저는 20대에 청소년 사역을 시작할 때부터 청소년학 커리큘럼을 세우고 교재를 만들었습니다. 그리고 매주 청소년 이해에 관한 주제로 A4용지 반 페이지 정도의 분량으로 글을 쓰고, 청소년 부모와 교사들에게 제공했습니다. 청소년학 관련 전문

서적을 챙겨 읽고 청소년 심리나 상담과 관련된 이론과 실제를 공부했습니다. 요즘은 유튜브를 통해서 전문적인 강의를 많이 제공받을 수 있습니다. 교회에서 부모 교육을 진행하는 경우가 있는데, 아쉬운 점은 유치부, 아동부, 청소년부 자녀의 부모를 한자리에 모아 놓고 교육한다는 것입니다. 교회마다 사정이 있겠지만, 부모 교육은 부서별로 맞춤으로 하는 것이 필요합니다. 그래야 부모가 이 같은 교육에 적극 참여하고 도움을 받을 수 있습니다. 더 나아가 믿지 않는 부모들에게도 이 같은 교육을 열어 두어서 청소년 자녀 양육과 교육에 실제적인 도움을 줄 뿐 아니라 신앙에 접근하는 기회로 삼으면 좋습니다.

저는 어느 교회에서 몇 년 동안 청소년 부모 교육을 인도한 적이 있는데, 교회 밖의 부모에게도 개방해서 많은 불신자 부모가 참석했습니다. 강의 중간에는 미리 준비한 문화 공연을 진행해서 불신자 부모가 교회에 친근감을 갖도록 했습니다.

온라인 네트워크를 시도하라

청소년 부모와 청소년 사역자가 연계하는 방법으로 온라인은 좋은 도구가 됩니다. 온라인 플랫폼 안에서 청소년 부모와 사역자가 만나서 교제할 수 있고, 학생들을 위한 기도 제목을 나눌 수 있으며, 부모의 신앙적인 성장을 돕기 위한 여러 좋은 자료들을 제공할 수 있습니다. 온라인 플랫폼으로 페이스북 그룹을 추천할 만합니다. 페이스북에서 청소년 부모와 청소년 사역자가 함께하는 그룹을 만드는 것입니다. 페이스북 그룹은 만들기도 쉽고, 활용하기도 쉽습니다. 그리고 페이스북 그룹 안에서는 글이나 사진, 동영상 등 여러 가지 자료를 쉽게 올릴 수 있고, 실시간 라이브 방송과 그룹 안의 구성원들끼리 채팅도 가능합니다. 또한 올린 자료는 저장이 되기 때문에 언제든지 들어와서 계속 볼 수 있다는 장점이 있습니다.

이러한 온라인 네트워크는 사역자가 주도할 필요가 있습니다. 안부 메시지를 정기적으로 올리고, 교회에서 학생을 찍은 사진도 올리고, 좋은 유튜브 영상 링크도 올리고, 부모의 신앙 성장을 돕기 위한 여러 가지 유용한 콘텐츠도 올리는 것입니다.

카카오톡도 유용한 온라인 플랫폼으로, 카카오톡 그룹 채팅방을 통해 부모와 사역자가 교제할 수 있습니다. 이때 카카오톡 그룹 채팅방이 단순히 청소년부 행사를 알리는 광고용으로 사용되지 않기 위해서는 신앙 활동을 같이해야 합니다. 제가 추천하고 싶은 것은 성경 말씀 묵상 나눔입니다. 매일 청소년 사역자가 성경 말씀을 올리면, 각자 묵상한 뒤 짧은 문장으로 나누는 것입니다.

이외에도 갓피플에서 제공하는 온라인 모임 플랫폼을 통해 성경 통독을 진행할 수 있습니다. 청소년 부모와 신앙적인 미션을 함께할 때 교제가 깊어지고, 진정한 네트워크가 이루어질 수 있습니다.

감동적인 부모 심방을 하라

청소년 사역자는 청소년 부모 심방도 할 수 있어야 합니다. 청소년 사역자가 심방하겠다고 했을 때 부모는 부담을 느낄 수 있습니다. 따라서 부담스럽지 않은 범위에서 다양한 방법으로 심방할 필요가 있습니다. 전화 심방도 좋고 카카오톡으로 안부를 물을 수도 있고, 주일에 시간을 내 교회에서 만나 심방할 수도 있습니다. 주중 심방이 가능하다면, 집으로 찾아가는 방법 외에 점심시간을 이용해 부모의 직장을 찾아가는 방법도 있습니다. 한편, 몇몇 부모와 함께 만나는 그룹 심방도 있습니다. 부모 심방은 철저히 부모 맞춤으로, 부모가 원하는 방법으로 진행해야 합니다.

또한 청소년 사역자는 청소년들이 교회에서 예배드리고 공과 교육에 참여하는 등 활동 사항을 정기적으로 부모에게 알려 줄 필요가 있습니다. 이때 손편지를 이용하면 좋습니다. 요즘은 손편지가 매우 귀한 시대입니다. 그러나 부모는 어린 시절 주고받던 손편지의 따뜻한 감성을 기억하고 있습니다. 따라서 손편지로 쓴 학생 활동 사항은 부모에게 감동적인 선물이 됩니다. 학생 활동 사항은 잘한 내용만 넣습니다. 한마디로 칭찬할 만한 내용만 쓰는 것입니다. 칭찬을 싫어할 부모는 없습니다. 믿지 않는 부모도 자기 자녀를 칭찬하는 손편지를 받으면 기분이 좋습니다.

더 나아가 청소년의 생일은 물론 부모의 생일까지 사역자가 챙긴다면 그야말로 감동의 도가니일 것입니다. 생일 축하 메시지와 함께 기프티콘으로 작은 선물을 보낸다면 감동의 선물이 될 뿐 아니라 그 자체가 부모 심방이 될 수 있습니다.

카카오톡 그룹 채팅에
매주 설교 및 가정예배 안내를 제공하라

부모는 자녀가 청소년부에서 어떤 설교를 듣는지가 궁금합니다. 신앙 형성과 성장에서 설교가 가장 중요하기 때문입니다. 따라서 청소년 사역자는 카카오톡 그룹 채팅에 매주 다음 주 설교 안내를 올리면 좋습니다. 설교 제목, 설교 본문, 설교의 포인트 한두 가지, 설교 요약, 암송 구절까지 정리해서 올리면 더 좋습니다. 매주 설교가 유튜브에 올라간다면 설교 영상 유튜브 링크를 카카오톡 그룹 채팅에 올려서 부모가 볼 수 있도록 하는 것도 좋습니다.

이외에도 매주 가정예배 안내를 카카오톡 그룹 채팅에 올리는 것도 가정과 연계하는 신앙 교육이 됩니다. 예를 들면 다음과 같습니다.

월요일: 이번 주는 아빠가 좋아하는 찬양을 정해서 부릅니다.

화요일: 이번 주는 가족 구성원이 돌아가면서 자신의 신앙 성장을 위한 구체적인 기도 제목을 나누고 기도합니다.

수요일: 이번 주는 마태복음 5-7장을 읽습니다.

목요일: 이번 주는 우리 교회를 위해 중보기도 하는데, 특별히 우리 교회의 예배가 하나님께서 기뻐하시는 온전한 예배가 될 수 있도록 기도합니다.

금요일: 이번 주는 각자의 삶 속에서 만나는 사람(직장 동료, 친구, 선생님, 선배 등)과의 관계에서 하나님께 감사한 내용을 나눕니다.

토요일: 이번 주는 빌립보서 4장 11-13절 말씀을 읽고 묵상하고 나눕니다.

주일: 이번 주는 OO의 간증을 유튜브에서 찾아서 함께 듣습니다.

청소년 자녀와 부모가 함께 웃으면서 가정예배를 드리는 것은 현실적으로 쉽지 않습니다. 청소년들은 아침에 학교 갔다가 학원, 독서실까지 들렀다 집에 오면 밤이 됩니다. 일상이 이렇게 바쁘니 부모와 함께 모여서 가정예배 드리는 시간을 마련하기가 힘듭니다. 게다가 청소년들은 부모로부터 심리적으로 독립하려는 경향이 강해서 부모와 함께 있는 시간을 불편해합니다. 이런 상황이니 가정예배는 최대한 자녀의 입장을 고려해야 합니다. 또한 강요가 되지 않도록 청소년 자녀를 최대한 존중해야 합니다. 이를 위해 청소년 사역자는 가정예배 매뉴얼을 만들어 부모에게 제공하고, 따로 시간을 마련해 가정예배를 어떻게 드릴 수 있을지 교육해야 합니다. 청소년들의 눈높이에 맞춘 가정예배 매뉴얼은 다음과 같습니다.

1. 강요의 분위기가 아니라 즐거운 분위기에서 진행하라!

부모는 최대한 자녀들을 존중하면서 밝은 분위기에서 예배 드릴 수 있도록 좋은 분위기를 만듭니다.

2. 짧게 하라!

가정예배 시간은 10분이면 됩니다. 가정예배는 이벤트가 되어서는 안 됩니다. 일주일에 한 번 1시간 드리는 것보다 매일 10분 드리는 것이 훨씬 교육적입니다.

3. 하루에 예배의 요소를 한 가지씩 하라!

예배의 요소에는 찬양, 개인기도, 말씀, 중보기도, 감사 나눔, 묵상, 간증 등이 있는데, 하루에 하나씩만 하는 것입니다. 예를 들어, 월요일은 가족 구성원이 돌아가면서 자신이 좋아하는 찬양을 이야기하고 같이 부릅니다. 화요일에는 개인기도 제목을 나누고 함께 기도합니다. 수요일에는 성경 몇 장을 함께 읽습니다. 목요일에는 교회, 학교, 직장, 국가, 선교지 등을 위해 중보기도를 합니다. 금요일에는 한 주간 삶을 인도해 주신 하나님께 드리는 감사 제목을 나눕니다. 토요일에는 성경 구절을 읽고 묵상하고 나눕니다. 주일에는 유튜브에서 간증 영상을 찾아서 봅니다.

4. 예배 진행은 부모와 자녀가 돌아가면서 하라!

부모 주도로만 예배를 진행하지 말고, 자녀들도 예배를 진행할 수 있도록 하면 자녀가 능동적으로 예배에 참여할 수 있습니다.

5. 유튜브 영상을 활용하라!

찬양할 때도 유튜브 찬양 영상을 틀어서 같이 따라 부르고, 기도할 때도 기도 반주 영상을 틀고 기도합니다. 이밖에 유튜브 간증 영상을 함께 시청할 수도 있습니다.

6. 가족 이벤트를 마련하라!

예배를 10일 연속해서 잘 드리면 혹은 2주 연속해서 잘 드리면 하나님께 감사하면서 가족끼리 맛있는 거 먹으러 가기 등의 이벤트를 마련하면 자녀들이 적극적으로 참여할 수 있습니다.

7. 카카오톡 가족 채팅방을 활용하라!

가정예배 중에 기도 제목을 나눌 때, 자신의 삶을 나눌 때, 묵상한 내용을 나눌 때 자녀들은 말하기를 싫어하거나 부담스러워할 수 있습니다. 이 경우, 카카오톡 가족 채팅방에 글로 올리는 방법을 활용하면 좋습니다.

8. 가정예배 시간은 자녀에게 맞춰라!

가정예배 시간이 굳이 밤일 필요는 없습니다. 학교 가기 전에 해도 괜찮고, 저녁 먹고 독서실 가기 전에 해도 좋습니다. 자녀들이 편한 시간에 맞춰서 진행하면 됩니다.

9. 가정예배는 축복송으로 마무리하라!

축복송을 부르면서 예배를 마무리하면 분위기도 좋아지고, 하나님의 사랑을 느낄 수 있어 좋습니다.

10. 종종 야외 예배를 드려라!

가정예배를 항상 집 안에서만 드릴 필요는 없습니다. 가끔은 공원과 같은 야외에 나가서 가정예배를 드리고 가족 간에 화목한 시간을 갖는 것도 좋은 시도입니다.

청소년 부모 기도회 & 청소년 부모 부흥회 & 청소년 부모 수련회를 만들라

청소년 사역자는 2주에 한 번이든, 한 달에 한 번이든 정기적으로 부모 기도회를 열 필요가 있습니다. 기도 제목은 자녀들의 영적인 성장과 성숙을 위해, 자녀들의 삶을 위해, 자녀들의 건강을 위해, 자녀들의 인간관계를 위해, 학업을 위해, 자녀들의 꿈과 진로를 위해 등이 있습니다. 이외에도 부모 자신의 영적인 성장과 성숙을 위해, 신앙 안에서 자녀를 양육하기 위해, 가정의 평화와 화목을 위해 마음을 합해서 기도할 수 있습니다. 부모가 바빠서 교회에서 모이기 어렵다면 온라인을 통해서 진행할 수도 있습니다. 중요한 것은 많은 부모가 부모 기도회에 참여하는 것입니다.

청소년 부모 기도회뿐만 아니라 청소년 부모 부흥회도 기획해서 진행해 볼 수 있습니다. 청소년 부모들을 초청해서 '신앙 교육'을 주제로 설교하고, 뜨겁게 찬양하고, 간절히 기도하는 부모 부흥회를 마련하는 것입니다. 더 나아가 청소년 부모 대상으로 수련회를 진행할 수도 있습니다. 숙박 수련회가 현실적으로 힘들다면 토요일 하루 동안 진행하는 일일 수련회로 기획해 볼 수 있습니다. 청소년 부모 수련회에는 누구 엄마, 누구 아빠로서가 아니라, 한 사람의 성도로서 참여해서 삶의 기쁨을 회복하는 시간이 되도록 합니다. 예배도 드리고, 레크리에이션도

하고, 부모들끼리 대화하는 시간도 가지면서 스트레스를 해소하고, 위로와 소망을 얻는 시간이 되도록 하는 것입니다.

부모를 일일 교사로 세우고,
부모 특강을 마련하라

5월 셋째 주 스승의 주일에 청소년 부모를 일일 교사로 세우는 프로그램도 좋습니다. 청소년 부모는 이때 청소년 사역자와 청소년 교사를 이해하고 그들과 교제하는 시간을 가질 수 있습니다. 학생들은 자신의 부모가 아닌 친구 부모의 이야기를 듣고 대화를 나누면서 부모 세대를 이해하는 시간이 될 수 있습니다. 뿐만 아니라, 청소년 부모를 청소년부 프로그램 특강 강사로 세울 수 있습니다. 한 분야 전문가로 활동하는 청소년 부모를 초청해서 진로 특강을 하는 것입니다.

청소년 자녀와 부모가 함께하는
가족 캠핑을 기획하라

청소년 사역자는 청소년 부모와 자녀가 함께하는 가족 캠핑을 기획해 볼 수 있습니다. 청소년기의 부모와 자녀는 싸우지 않으면 다행일 만큼 대화의 시간이 부족합니다. 대화하다 싸울까 봐 서로 피하기도 합니다. 편안한 분위기에서 청소년 자녀와 부모가 함께하는 프로그램이 필요한 이유입니다. 가장 좋은 것으로 가족 캠핑이 있습니다. 그릴에서 고기와 소시지를 구워 먹고 불멍을 하고 텐트에서 자는 캠핑을 청소년들이 좋아합니다. 유튜브로 캠핑 채널을 구독하는 청소년이 의외로 많습니다. 청소년부에서 캠핑장을 예약하고 편하게 캠핑할 수 있도록 준비해 주는 시도를 할 필요가 있습니다. 이때 가족끼리 시간을 보낼 수 있는 자유 시간을 마련해야 합니다. 하지만 자유 시간이 너무 많으면 역효과가 날 수 있습니다. 그러므로 가족 대항 레크리에이션을 진행하거나 대형 스크린을 통해 함께 영화 보는 시간을 마련하면 좋습니다. 캠핑장 대여가 부담스럽다면, 교회 마당이나 주차장에서 해도 되고, 교회 안의 한 공간을 캠핑장처럼 꾸며서 진행해도 됩니다.

부모 자치 모임을 조직하라

청소년 부모들끼리 활동하는 자치 모임을 만들면 부모들이 적극적으로 청소년부에 관심을 가지고 청소년 사역에 참여할 수 있습니다. 학교에는 학부모위원회 같은 모임이 있어서 부모들이 학교 발전을 위해서 의미 있는 활동을 합니다. 청소년부에서도 청소년 부모 자치 모임을 만들어서 임원들을 선정하고 활동할 수 있도록 시스템을 만들어야 합니다. 청소년 사역자는 청소년 부모 자치 모임 임원들과 긴밀하게 교제하고, 청소년 자녀들을 신앙 안에서 잘 양육하고 교육하기 위해서 함께 힘을 합쳐야 합니다. 책임을 부여하고 활동할 수 있는 장을 마련하고, 여기에 참여하고 싶은 부모들이 열심히 참여하도록 도와야 합니다.

학교로, 학교로, 학교로!

청소년 사역자는 청소년들이 일상을 주로 보내는 곳이 학교이기 때문에 학교 안에 있는 청소년들에게 관심을 가져야 합니다. 저는 어느 교회에서 청소년 사역을 했을 때, 교회 주변에 있는 학교 네 군데에 정기적으로 들어가서 기독 학생 모임을 진행했습니다. 물론 그때는 지금보다 학교에 들어가서 사역하기가 상대적으로 쉬워서 학교 안에 있는 기독 교사의 도움을 받고 정식으로 허가를 받아서 사역을 진행할 수 있었습니다. 방과후에 기독 학생을 대상으로 모임을 했기 때문에 학교 안에서도 큰 어려움은 없었습니다. 그런데 재미있는 것은 기독 학생 모임에 불신자 학생들이 많이 온다는 사실입니다. 궁금해서 오기도 하고, 햄버거 준다니까 오기도 하고, 기독 학생들이 전도해서 오기도 합니다. 나중에는 주일에 교회에 오기도 했습니다.

지금은 시대가 바뀌어서 청소년 사역자가 학교에 들어가기가 매우 어려워졌습니다. 그럼에도 불가능한 것은 아닙니다. 지금도 활발히 학교 사역을 하는 청소년 사역자들이 꽤 있습니다. 학교 사역의 방법은 다양하므로 해당 학교에 맞는 방법을 준비해서 들어가야 합니다. 중요한 것은 열심히 하고자 하는 의지와 열정 그리고 청소년들을 뜨겁게 사랑하는 마음입니다. 청소년들을 위해 기꺼이 시간을 내고 마음을 쏟아야 하는 것입니다. 학교 사역을 하는 방법에는 다음과 같은 것이 있습니다.

1. 진로 탐색 전문가, 인성 교육 전문가가 되어 창의적 체험 활동이나 특별 활동 시간에 공식적으로 학교에 들어갈 수 있습니다. 물론 진로 탐색 전문가, 인성 교육 전문가로 학교에 들어간 것이기에 그 분야 관련 내용을 강의하고 관련 활동을 해야 합니다. 그러나 학생들과 함께하다 보면 친해지고 자연스럽게 청소년 사역자라는 사실이 밝혀지게 됩니다. 그렇게 편안한 관계에서 전도할 수 있습니다.

2. 교회 학생들이 자율 동아리로 직접 기독 동아리를 만드는 것입니다. 교회 학생들이 기독 동아리를 만들면 청소년 사역자는 그 활동을 지원할 수 있습니다. 기독 동아리에서 예배와 말씀 묵상을 할 수 있고, 간식을 먹으면서 이야기를 나누

는 교제 모임도 진행할 수 있습니다. 이러한 사역이 가능하기 위해서는 청소년 사역자가 기독 학생들을 학원 선교사로 키워야 합니다. 교회 안에서 제자훈련, 양육훈련 등을 통해 기독 청소년이 자신을 학원 선교사의 정체성을 갖도록 하는 것입니다. 기수별로 교육 프로그램을 진행하고, 교육을 다 마치고 나면 예배 시간에 수료증도 주고 축하 파송식도 갖습니다. 그러면 학생들은 책임감을 가지고 학교에 들어가서 기독 동아리를 만들고 예배 모임을 만들게 됩니다.

3. 기독 교사들을 도울 수 있습니다. 기독 교사들이 학교 안에서 기독 동아리를 만들어 학생들을 전도하고, 신앙적인 영향력을 발휘할 수 있도록 기독 교사들을 양육하고 훈련하는 것입니다. 교사 신우회가 있는 학교에는 청소년 사역자가 들어가서 예배를 인도할 수도 있습니다. 교회 안에 학교 교사가 있으면 그 교사의 도움을 받아서 이 사역을 시작할 수 있습니다.

4. 학교 앞 모임을 할 수 있습니다. 학교별로 심방 날짜를 정하고 학생들에게 광고해서 하교 시간에 청소년 사역자가 학교 앞에 가서 만나는 것입니다. 학교 앞에서 모이면 피자나 햄버거 같은 학생들이 좋아하는 음식을 먹으면서 교제를 나눕니다. 물론 이 모임도 전도의 계기로 삼을 수 있습니다. 우

리 교회 학생들한테 불신자 친구들을 한두 명씩 데려오라고 할 수도 있습니다. 그러면 불신자 친구들과 교제를 나누면서 자연스럽게 전도가 이루어질 수 있습니다.

5. 학교 앞 전도를 할 수 있습니다. 예전에는 학교 앞 전도를 많이 했지만, 요즘은 여러 상황적인 어려움 때문에 잘 하지 않습니다. 그러나 시대가 변해도 전도는 할 수 있고, 반드시 해야 하는 우리의 사명입니다. 학원들은 학교 앞에서 그야말로 열심히 홍보를 합니다. 그에 비하면 우리의 복음 전파는 얼마나 소극적입니까!

물론 전도에는 지혜가 필요합니다. 그래서 학생들에게 필요한 선물을 준비합니다. 무선 이어폰, 손선풍기(여름), 핫팩(겨울), 핸드폰 손잡이, 핸드크림, 치약 칫솔 세트, 카드 지갑, 다색 볼펜 등을 선물로 준비하면 좋습니다. 교문 밖으로 나오는 학생들에게 친절하고 밝게 웃으면서 어느 교회에서 나왔다고 밝히고 준비한 선물을 나눠 줍니다. 그리고 청소년들이 좋아하는 웹툰 형식으로 제작된 컬러 만화 전도지를 나눠 줍니다. 청소년들에게 전도지를 주거나 유인물을 줄 때 중요한 것은 디자인입니다. 청소년들은 자신의 눈높이에 맞게 디자인된 것들은 버리지 않습니다.

우리나라 청소년 사역 분야에서는 학교에 들어가는 사역을 활발하게 하는 전문 단체들이 있습니다. 더작은재단 스쿨처치임팩트, YFC(Youth for Christ), 넥타선교회, 학원복음화인 큐베이팅, 도움닫기 등입니다. 이들 전문 단체의 자문과 도움을 받으면 학교 사역을 제대로 감당할 수 있습니다.

자신을 성찰해 보기

1. 나는 청소년 부모와 연계하는 사역에 대해 얼마만큼 관심을 가지고 있습니까?

2. 청소년들이 가정 안에서 신앙 교육과 양육을 지속적으로 받기 위해 나는 어떤 노력을 하고 있습니까?

3. 청소년 부모를 청소년 사역의 동반자로 생각하고, 청소년 부모와 협력하기 위해 해야 하는 구체적인 사역 활동은 무엇입니까?

4. 나는 청소년 사역이 학생들이 있는 학교로까지 연결되기 위해 어떤 준비와 노력을 하고 있습니까?

5. 학교 사역을 열심히 감당하기 위해 실천해야 하는 내용은 무엇입니까?

청소년 사역자 십계명

첫째, 사랑이 최고의 능력임을 믿고 무조건적인 아가페 사랑을 실천하는 사역자가 되자!

둘째, 복음 전파자, 말씀 교사, 훈육자, 중보기도자, 위로 자, 능력자, 모델, 밥 먹이는 자, 친구, 선배의 역할을 균형 있게 감당하는 예수님 닮은 사역자가 되자!

셋째, 예배를 인도하는 자가 되기에 앞서 하나님 앞에 예 배를 가장 잘 드리는 온전한 예배자가 되자!

넷째, 하나님의 말씀을 학생들 눈높이에 맞게 잘 전달하 기 위해 최선을 다해 설교를 준비하고, 겸손하게 설교하는 하나님께 인정받는 설교자가 되자!

다섯째, 청소년 사역은 주중 사역이 필수임을 깨닫고, 주 중에 학생들과 온·오프라인에서 만나서 신앙적인 영향을 주는 사역자가 되자!

여섯째, 각자 개성이 다른 청소년들에게 성경을 효과적

으로 가르치기 위해 다양한 교육 방법을 알고 적용하고 실천하는 교육 전문가가 되자!

일곱째, 청소년들을 진심으로 이해하고, 그들과 소통하기 위해 최선을 다해 노력하는 소통 전문가가 되자!

여덟째, 청소년들이 수련회 가운데서 하나님을 인격적으로 만나고, 따뜻한 공동체를 경험하고, 쉼을 누리는 가운데 섬김과 나눔을 실천하며, 비전과 사명을 깨달을 수 있도록 수련회 준비에 최선을 다하는 수련회주의자가 되자!

아홉째, 청소년 부모를 청소년 사역의 동반자로 생각하고, 청소년 부모와 협력하기 위해 가정 연계 사역에 최선을 다하며, 학생들이 있는 학교로까지 청소년 사역이 연결될 수 있도록 학교 사역을 시도하는 열정적인 사역자가 되자!

열째, 항상 하나님께 기도하며 하나님의 지혜와 능력을 구하고, 하나님과 매 순간 동행하는 하나님의 사람이 되자!

청소년 사역자를 위한 기도

사랑의 하나님!

(1) 청소년 사역자들이 전능하신 하나님만 의지하고 매 순간 하나님의 뜻을 구하면서 사역을 진행하게 하소서!

(2) 청소년 사역자들이 하나님 앞에 선 사역자로서 초심을 지키며, 진실하게 사역을 감당하게 하소서!

(3) 청소년 사역자들에게 하나님의 아가페 사랑을 풍성하게 베풀어 주사 그들이 청소년들에게 하나님의 사랑을 전달하는 삶을 살아가게 하소서!

(4) 청소년 사역자들이 요셉의 성실함을 본받아 청소년들을 최선을 다해 섬기는 삶을 살아가게 하소서!

(5) 청소년 사역자들에게 영육 간에 강건함을 주셔서 지치지 않고 하나님의 사역을 열정적으로 잘 감당할 수 있게 하소서!

(6) 청소년 사역자들에게 하나님의 지혜를 허락해 주사 하나님의 말씀을 잘 전하고, 잘 가르칠 수 있게 하소서!

(7) 청소년 사역자들에게 성령의 9가지 열매인 사랑, 희락, 화평, 오래 참음, 자비, 양선, 충성, 온유, 절제를 베풀어 주사 청소년들에게 신앙의 모델, 인격의 모델, 삶의 모델이 되게 하소서!

(8) 청소년 사역자들이 청소년들을 이해하고, 그들의 눈높이에 맞춰서 소통을 잘할 수 있도록 능력을 주소서!

(9) 청소년 사역자들이 청소년 교사, 청소년 부모들과 함께하면서 사역을 감당할 수 있도록 협력적인 리더십을 허락하여 주소서!

(10) 청소년 사역자들이 섬기는 교회 청소년부와 청소년들을 위해 끊임없이 기도할 수 있는 기도자가 되게 하소서!